Σ BEST シグマベスト

すばる先生と学ぶ

中学英語の きほん 50 レッスン

宇佐見天彗

JN014516

文英堂

勉強には，才能も特別な環境（かんきょう）も必要ない。
自分に合ったやり方を見つけて積み重ねていけば，
だれでも成績を上げることができる。

ここは学校でも塾（じゅく）でもない，今までとはちがう場所。
だから，これまで勉強が苦手だった君もあきらめないで。
ぼくたちが全力でサポートするから！

ここからいっしょにがんばっていこう！

▲ くめはら先生
国語担当

▲ でんがん先生
理科担当

▲ いっせー先生
社会担当

▲ こーさく先生
数学担当

▲ すばる先生
英語担当

この本の登場人物紹介

スマホで今日の
ニュースをチェック。

明るい曲を聞くと，
元気が出るね！

ショウとミウって
仲いいよね♡

ショウ(中1)
見た目は真面目そうだ
が，勉強はやや苦手。

ミウ(中2)
演劇部のスターを目
指し，日々奮闘中。

コハル(中3)
勉強法には詳しいが，実は
あんまり勉強していない。

すばる先生との出会い

ショウ，ミウ，コハルは，幼稚園時代に知り合った幼なじみ3人組。
近所の公園に集まっては，いつもとりとめのないことを話している。
「コハルさん，聞いて！ ショウが落ちこんでるの」と，ミウ。
「どうしたの？ 『メガネで陰キャなのに，勉強できないのかよ』って言われたの？」
「ちょっ，なんでわかるの!?」ギョッとしてコハルを見るショウ。
「わかるよー。ショウはミウと仲いいから，男子から嫉妬されてるんだよ。気にしないで」
「でも，勉強はできたほうがいいよね」と，ショウ。
「だよねー」とミウがうなずくと，コハルがため息まじりに言う。
「とはいえ何から始めればいいのか，よくわからないんだよね」
そんな3人の前に，いつの間にか，さわやかな笑顔の男性が立っていた。

まずは始めなきゃ，何も
変わらないよ。ここから
いっしょに始めよう！

すばる先生

英語講師

東大医学部卒 YouTuber

すばる先生 （宇佐見天彗）

右ページの4人の仲間とともに、みんなの合格を全力であと押しするよ！

PROFILE

高校入学時の成績は最下位だったが、独自の勉強法を確立し、東京大学に現役合格。現在はYouTubeを通して勉強法や受験戦略を発信。著書に『現役東大医学部生が教える最強の勉強法』（二見書房）などがある。
Twitter：@sbr_usami

MESSAGE この本を手に取ってくれたみんなへ

勉強をがんばりたいけど、なかなかやる気が出ない……って思ってない？
実はやる気って、脳のしくみ上、作業に取りかかることでわいてくるものなんだ。だから、まずはこの本を開いて、いっしょに始めてみよう！ そのうち、どんどん進められるようになるよ。

先生からの
メッセージ動画は
こちら

TIMELINE

- **1996年** 香川県高松市に生まれる
- **2008年～2011年** 公立の中学校に入学。中学時代は苦手な国語で120人中118位だったことも。中3の夏から受験勉強をがんばって、なんとか高校に合格
- **2011年～2014年**
  ・高校入学時の成績は最下位だったが、戦略を立てて勉強することで、成績が上がり始める
  ・合唱をメインに活動する音楽部に所属。高3の引退まで続けつつ、東京大学に現役合格
- **2014年～2020年**
  ・東京大学理科二類に入学
  ・トップ10以内の成績で医学部へ進学し、医師の国家試験にも合格した
- **2020年～**
  ・卒業後はYouTubeを通して、全国の受験生に情報を発信する道へ
  ・3人のメンバーとともに「PASSLABO」を結成し、YouTube活動を開始
- **2020年** 『東大現役合格→トップ成績で医学部に進学した僕の超戦略的勉強法』（KADOKAWA）発売
- **2023年** 『すばる先生と学ぶ 中学英語のきほん 50レッスン』発売

生徒会副会長を務めつつも、受け身で周りに流されやすかった中学時代

令和の開始とともにスタートしたYouTubeチャンネル「PASSLABO in 東大医学部発『朝10分』の受験勉強cafe」（@passlabo）は、わずか1年半で登録者数20万人を超えた

国語講師

> すばる先生は双子の弟！

学参マイスター

くめはら 先生 （粂原圭太郎）

出身地	群馬県
出身高校	群馬県立中央中等教育学校
最終学歴	京都大学経済学部経営学科
主な活動	・オンライン個別指導塾「となりにコーチ」代表 ・本田式認知特性研究所メンバー
著書	『偏差値95の勉強法』（ダイヤモンド社）など
YouTube	粂原圭太郎の頭の中 - オンライン塾「となりにコーチ」代表 -（@user-ns3yc8md5m）
SNS	Twitter：@k_kumehara

数学講師

> すばる先生は尊敬する先輩！

計算の申し子

こーさく 先生 （永田耕作）

出身地	愛知県
出身高校	愛知県立明和高校
最終学歴	東京大学教育学部在学中
主な活動	株式会社カルペ・ディエムの講師として全国の高校で講演・ワークショップ
著書	『東大生の考え型「まとまらない考え」に道筋が見える』（日本能率協会マネジメントセンター）
SNS	Twitter：@NagataKosaku08

社会講師

> すばる先生は親友で戦友！

受験合格請負人

いっせー 先生 （西岡壱誠）

出身地	北海道
出身高校	私立宝仙学園高校
最終学歴	東京大学経済学部在学中
主な活動	・株式会社カルペ・ディエム代表 ・リアルドラゴン桜プロジェクト ・スタディサプリ講師
著書	『東大読書』『東大作文』『東大思考』（東洋経済新報社）など多数
YouTube	西岡壱誠のアタマの中（@nishiokaissei）
SNS	Twitter：@nishiokaissey

理科講師

> すばる先生はエスパー／じめん！

理系YouTuber

でんがん 先生

出身地	兵庫県
出身高校	兵庫県立芦屋高校
最終学歴	大阪大学大学院基礎工学研究科（修士）
主な活動	・YouTubeチャンネル運営 ・映画俳優（出演作品『カラダ探し』『近江商人，走る！』）
著書	『元バカによるバカのための勉強100カ条！』（SBクリエイティブ）など
YouTube	日常でんがん（@nichijo_dengan） たまるクエスト（@tamaruquest）
SNS	Twitter：@dengan875

この本の構成と使い方

基本ページ
会話形式の授業で習ったことをもとに「練習問題」を解いて力をつける

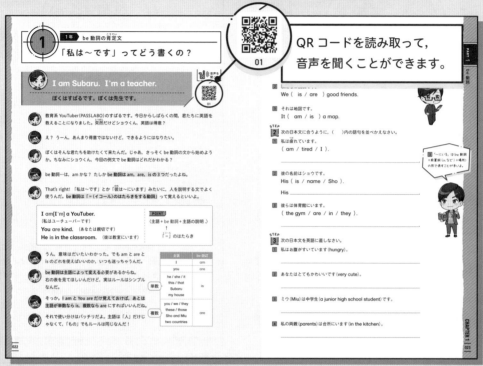

QRコードを読み取って、音声を聞くことができます。

英語のTips
英語を楽しく学べるちょっとした豆知識

まとめのテスト
章の終わりに「テスト」で実力を試す

自分に合う勉強法の見つけ方

先生の経験や適性の例を参考にしながら，自分に合ったやり方を見つける

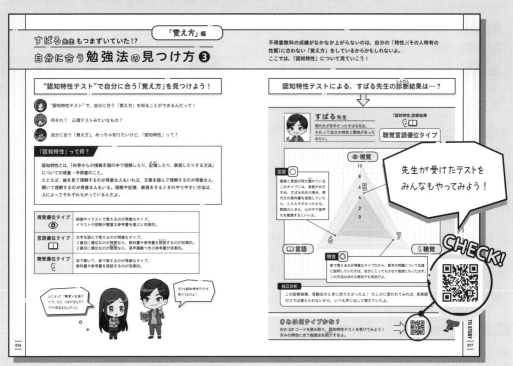

Q&A
生徒たちの悩みに先生が全力で答える

解答解説
問題を解いたら，答え合わせをする

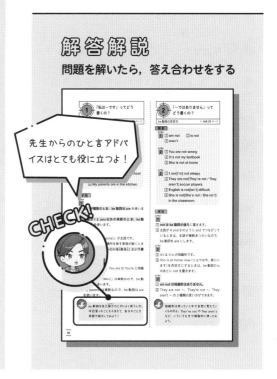

4章 現在分詞・過去分詞

5章 いろいろな文

Q&A

INTERVIEW

すばる先生ってどんな人!?

—— どんな小学生だったの？

自分からやりたいと思ったことには，とことんはまるタイプ。小3のときに父に教えてもらった将棋には，とくに夢中になったよ。
ぼくの父は単身赴任で県外へ行っていて，帰ってくるのは2か月に1回くらい。会えるのはもちろん，将棋を指せることもあって，父の帰りを毎回楽しみにしていたんだ。もちろん，父にはなかなか勝てなかったけど，毎回「なんで負けたんだろう？」と真剣に考え，2か月かけて自分なりに練習して戦略を立てていたよ。

小学時代のすばる先生

—— 中学校生活はどうだったの？　どんな生徒だった？

中学時代のぼくは，どちらかというと受け身で周りに流されやすかった。それでも，卓球部に所属して中3まで続けたし，学級委員や生徒会副会長に選ばれ，いろいろな経験を積んではいたよ。そう言うと活発な人みたいだけど，生徒会副会長になったのもたまたまで，「この学校を変えてやる！」みたいに自発的に挑戦したわけではない。だから，いつもどこか「やらされている感」があって，熱意をもって取り組めなかったんだ。
そんな中学校時代を過ごして，高校受験まで失敗したら，もう立ち直れないなという気がしてきて。それもあって，中3の夏から受験勉強をがんばったんだよ。

—— 中学時代。勉強についてはどうだったの？　成績は？

実はずっと国語が苦手で，中3のときに120人中118位だったことがある。「勉強していなかっただけでしょ」と思うかもしれないけど，ぼくはもともと真面目なほう。学校や塾の宿題，教科書の予習・復習とか，あたえられたものはちゃんとやっていた。それなのにこんな感じ。小学校のときに教室に通っていたおかげで数学は得意だったけど，ほかの教科はそんなに成績がよかったわけじゃない。中3の夏からがんばって，高校にはなんとか合格できたけど，入学した当時は最下位だったんだ。

—— 高校へ入学してからはどうだったの？

最下位からのスタートだったけど，高校生活は最初からとても楽しかったよ。「音楽部」「将棋部」「応援部」をかけもちしていたんだ。「音楽部」は，合唱をメインに活動する部で，副部長になってからはこの部を中心に高3の9月まで続けたよ。

「中学のきほん」シリーズの英語担当は宇佐見天彗先生！
高校入学時には最下位!? そこから東大に現役合格したすばる先生は，どんな中学生だったのかな？ あれこれ質問してみたよ。

高校は進学校で，毎年東大や京大に合格する人たちもいた。だけど，自分は成績がよくなかったから，高3のときに行けそうな大学を探せばいいやくらいに思っていた。
そんなとき，たまたま家計にあまり余裕がないことを知ってしまったんだ。「楽しいことだけでなく勉強もがんばって，将来ちゃんと親孝行したい」。そんなふうに思うようになったよ。

高校の入学式でのすばる先生

—— そこからどうして東大を目指したの？ 家族の反応は？

あるマンガに出会ってしまったんだ。それは『ドラゴン桜』という作品。成績が悪く，将来に希望をもてない高校3年生の2人が，桜木という弁護士に東大受験に役立つテクニックや勉強法を教えてもらい，東大への現役合格を目指すというストーリー。たまたま将来のことを考え始めたときにちゃんと読んだら，「今はこんな成績の自分でも，東大に行けるかもしれない」と思えたんだ。
すぐに母に「東大に合格して，親孝行するね！」と伝えると，母はにっこり笑って「楽しみにしてるね」と言ってくれた。その反応がすごくうれしかったな。実際に合格したとき，母はぼくの何十倍も喜んでくれたよ。

—— 大きな目標ができて，変わったことは？

東大を目指すようになってからは，周りに流されずに，自分でよく考えて決断するようになったね。「ふつうは，こうだよね」ということでも，自分にとってしっくりこなかったら，あえてちがう方法を選ぶ。
それには勇気が必要だけど，勇気が試されることこそ，自分でよく考えて真剣にやれると思う。みんなとはちがうことをするんだから，「必ず成功してやるぞ！」と気合いが入るんだ。自分で選んだ道は，最初はどうなるか見当もつかないけど，その道を正解にしたいし，正解にするための努力をするようになったよ。

ショウ
先生も最初から成績がよかったわけじゃないんだね。ぼくもやれるかも。

ミウ
高校生活を満喫した上に東大合格ってかっこいい〜！憧れるなあ。

コハル
家族とのエピソードが素敵。周りに流されちゃうってこと，わかる気がする。

自分に合う勉強法の見つけ方 ❶

中高生時代のすばる先生は，どうやってスランプから抜け出したのかな？

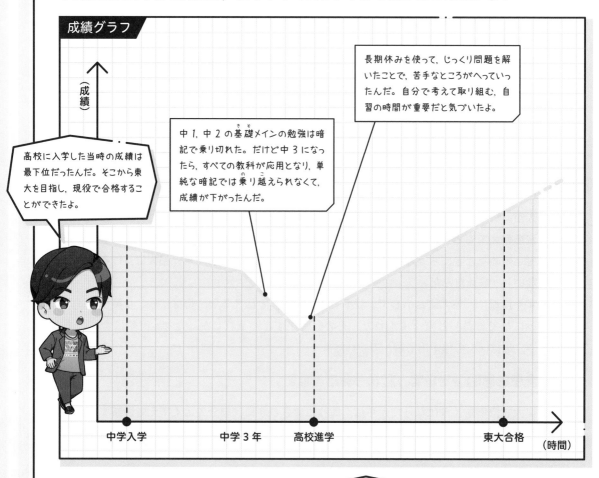

成績グラフ

（成績）

長期休みを使って，じっくり問題を解いたことで，苦手なところがへっていったんだ。自分で考えて取り組む，自習の時間が重要だと気づいたよ。

中 1，中 2 の基礎メインの勉強は暗記で乗り切れた。だけど中 3 になったら，すべての教科が応用となり，単純な暗記では乗り越えられなくて，成績が下がったんだ。

高校に入学した当時の成績は最下位だったんだ。そこから東大を目指し，現役で合格することができたよ。

中学入学　　中学 3 年　　高校進学　　東大合格　　（時間）

今の自分が 中高生時代の自分に アドバイスするなら…

早い段階で高校入試の過去問を見たり，合格した先輩の話や失敗談を聞いたりしておくといい。それで全体的なイメージをつかんだうえで何が必要かを考えると，授業以外にも自発的に勉強するようになるよ。

先生もいろいろ悩んで，自分に合う勉強法を発見したんだね。

自分に合う勉強法がすぐに見つかるといいね！

中高生時代に勉強でつまずいてしまうのは，自分に合わない勉強法を
実践しているからかもしれない。
すばる先生は，どうだったのかな？

得意教科と不得意教科，すばる先生はそれぞれどのように勉強していたのかな？

得意教科の勉強法

得意教科は数学

数学の教科書や問題集にある問題の類題を作り，友達と競争していた。

わからないところがある友達に説明することで，自分の理解も深まっていったよ。

作問題ってみた！

やりたい！

ここがわかんない

そこはね…

不得意教科の勉強法

不得意教科は国語。特に現代文

現代文については，接続詞などに注意しながら，ゆっくり正確に読むことを心がけていたよ。

本を読むのがおそかったので，読書によいイメージをもてなかった。もっと自分から興味をもって読める本を選べばよかったな。

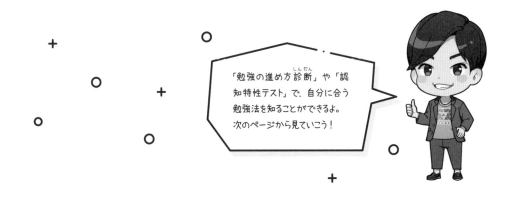

「勉強の進め方診断」や「認知特性テスト」で，自分に合う勉強法を知ることができるよ。次のページから見ていこう！

すばる先生もつまずいていた!? 自分に合う勉強法の見つけ方 ❷

診断テストで自分の「学び型」を知ろう！

 自分の「学び型」がわかる，"勉強の進め方診断"があるんだって!!

 勉強の進め方診断？　何それ？

 自分の「学び型」に合う勉強法を実践すれば，効果が出やすいんだね。

診断テストって何？

　勉強の進め方診断は「その人がどんなふうに勉強を進めていくと，勉強がうまくいきやすいのか」をまとめたものだよ。真面目にコツコツ進めたいタイプの人もいれば，気分次第で進めたい人もいるよね。細かいことが気になる人もいれば，大ざっぱな人もいる。勉強は，自分のタイプに合わせて実践していくのがいちばんなんだ。「FFS診断」という理論を参考につくられているよ。

どんな「学び型」があるの？　それぞれの特徴は？

	積み上げる勉強	応用問題	問題を解くスピード	その他の特徴
弁別保全型 🗣×🐢	得意	苦手	ゆっくりていねいに解くのが合っているが，わからないところがあると時間がかかりがち。	自分にとって意味があると思える勉強ならがんばれるタイプ。
弁別拡散型 🗣×🐇	苦手	挑戦したい！	パパッと解くのが得意だが，その分ミスも多くなりがち。また，わからないところを無視しにくい。	宿題など，他人からおしつけられた勉強に取り組むのが苦痛なタイプ。
感情保全型 ♡×🐢	得意	苦手	ゆっくりていねいに解くのが合っていて，早く解くのが苦手。	自分が苦手なところと向き合い，まちがいを認めて反省できるタイプ。
感情拡散型 ♡×🐇	苦手	挑戦したい！	パパッと解くのが得意だが，その分ミスも多くなりがち。	「これ楽しい！」と思える勉強はするが，嫌いなものはできないタイプ。

🗣 弁別：白黒はっきりさせたいタイプ　　🐢 保全：慎重にコツコツと進めるタイプ

♡ 感情：気持ちに左右されがちなタイプ　　🐇 拡散：活発で行動力があるタイプ

自分の「学び型」を知らないまま，合わない勉強法を続けていると，
スランプにおちいることがあるよ。
ここでは，「学び型」について見ていこう！

診断テストで判明した，すばる先生の「学び型」は…？

 すばる先生
自発的に学ぶようになったことで，
結果が出始めたすばる先生。
その特徴は学び型にも表れていたよ。

「学び型」診断結果

感情拡散型

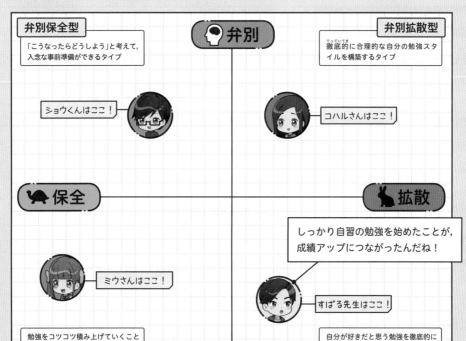

弁別保全型
「こうなったらどうしよう」と考えて，
入念な事前準備ができるタイプ

弁別

弁別拡散型
徹底的に合理的な自分の勉強スタイルを構築するタイプ

ショウくんはここ！

コハルさんはここ！

保全

拡散

しっかり自習の勉強を始めたことが，
成績アップにつながったんだね！

ミウさんはここ！

すばる先生はここ！

勉強をコツコツ積み上げていくこと
ができるタイプ

感情

自分が好きだと思う勉強を徹底的に
追求するタイプ

感情保全型

感情拡散型

自己分析
「感情拡散型」なのか，なるほど～！ たしかに自分がワクワクするものを追求して，おもしろくない科目でもどうやったらゲーム感覚で勉強できるかを，常に意識していたよ！

きみの「学び型」はどれかな？
右の QR コードを読み取り，診断テストを受けてみよう！
きみの学び型に合う勉強法を紹介するよ。

すばる先生もつまずいていた!?
自分に合う勉強法の見つけ方 ❸

"認知特性テスト"で自分に合う「覚え方」を見つけよう！

 "認知特性テスト"で，自分に合う「覚え方」を知ることができるんだって！

 何それ？　心理テストみたいなもの？

 自分に合う「覚え方」，めっちゃ知りたいけど，「認知特性」って？

「認知特性」って何？

認知特性とは，「外界からの情報を頭の中で理解したり，記憶（きおく）したり，表現したりする方法」についての得意・不得意のこと。

たとえば，絵を見て理解するのが得意な人もいれば，文章を読んで理解するのが得意な人，聞いて理解するのが得意な人もいる。理解や記憶，表現をするときのやりやすい方法は，人によってそれぞれちがっているんだよ。

視覚優位タイプ 👁	映像やイラストで覚えるのが得意なタイプ。 イラストや図解が豊富な参考書を選ぶと効果的。
言語優位タイプ 📖	文字を読んで覚えるのが得意なタイプ。 2番目に優位なのが視覚なら，教科書や参考書を黙読（もくどく）するのが効果的。 2番目に優位なのが聴覚なら，音声講義つきの参考書が効果的。
聴覚優位タイプ 👂	耳で聞いて，音で覚えるのが得意なタイプ。 教科書や参考書を音読するのが効果的。

人によって「聴覚×言語タイプ」など，さまざまなタイプが存在するんだって。

ぼくも認知特性テストを受けてみたよ！

不得意教科の成績がなかなか上がらないのは，自分の「特性」(その人特有の性質)に合わない「覚え方」をしているからかもしれないよ。
ここでは，「認知特性」について見ていこう！

認知特性テストによる，すばる先生の診断結果は…？

 すばる 先生

現代文が苦手だったすばる先生。
それって自分の特性と関係があったみたい。

「認知特性」診断結果

聴覚言語優位タイプ

◎ 視覚

視覚 △

視覚よりも聴覚と言語が優位なタイプなので，絵や図をたくさん使って説明している問題集より，語り口調で文章がわかりやすいものや，音声による講義がおすすめ。

言語 ○

聴覚と言語が両方優れているこのタイプには，音読がおすすめ。すばる先生の場合，現代文の教科書を音読していたら，とらえやすかったかも。黙読のときも，心の中で音声化を意識するといいよ。

10
8
6 5
4
2
0

6

7

📖 言語

🎧 聴覚

聴覚 ◎

音で覚えるのが得意なタイプだから，数学の問題について友達に説明していたのは，自分にとってもかなり勉強になったはず。この方法はほかの教科でも有効だよ。

自己分析

この診断結果，受験生のときに知りたかったよ！ たしかに言われてみれば，英単語も見るだけでは覚えられないから，いつも声に出して覚えていたよ。

きみは何タイプかな？

右の QR コードを読み取り，認知特性テストを受けてみよう！
きみの特性に合う勉強法を紹介するよ。

英語を勉強するときに大切な3つのルール

RULE ❶ 英語は「語順」が命！

 英語と日本語のいちばんのちがいは「語順」にあるんだ。まずは日本語から見てみよう。
下の①〜④の意味は通じるかな？
① 「私は　英語を　学びます」
② 「私は　学びます　英語を」
③ 「英語を　私は　学びます」
④ 「学びます　私は　英語を」

 ①がいちばんわかりやすいけど，別に②〜④で言われても意味はわかるね。

 そうだね，どこに力を入れるかでニュアンスは変わるけど，意味は同じだよね。それにひきかえ，英語だと基本的には下の語順でしか通じないんだよね。

I study English.

 え，そうなの？　これ，日本語にすると「私は　学びます　英語を」になるね。

> 英語は「主語」＋「動詞」の順番で書かれる

ということなんだ。

 日本語は単語の並び順がかなり自由だけど，英語は制限があるんだね。

 逆に英語を見たら，単語がわからなくても，どれが主語，動詞か見ぬくこともできるんだ。いくつか例文を載せるので，英文の中でどれが主語で，どれが動詞か当ててみようか！

---

1 I go to school by bus.
（私はバスで学校へ行きます）
主語 _____　　動詞 _____

2 She is an English teacher.
（彼女は英語の先生です）
主語 _____　　動詞 _____

3 He plays soccer.
（彼はサッカーをします）
主語 _____　　動詞 _____

---

 1 主語＝I（私は），動詞＝go（行く）
2 主語＝She（彼女は），動詞＝is（〜です）
3 主語＝He（彼は），動詞＝plays（〜する）で合ってる？

 Good！　これから英語の文章を見たら，必ず主語と動詞を見きわめる癖をつけようね！

英語の品詞といったら，どんなものがあるかわかる？

 名詞，動詞…。あれ，あとなんだっけ？

 名詞，動詞，形容詞，副詞の4つは最低限，覚えておこう。それぞれほり下げてみるよ。

名詞	人・もの・ことを表すもの
❶ 例 **I**(私)，**English**(英語)，**school**(学校)，**teacher**(先生) ※主語はふつう，名詞や名詞の代わりをすることば(代名詞)になることを覚えておこう！	
動詞	日本語の最後が「ウ」段で終わるもの(動作と状態がある)
❷ 例 「〜する」(動作)　　　：**eat**(食べる)，**run**(走る) 「〜だ[である]」(状態)：**know**(知っている)，**have**(持っている)，**love**(愛している)	
形容詞	名詞を説明するもの
❸ 例 **happy**(幸せな)，**cute**(かわいい)，**beautiful**(美しい)，**tall**(背の高い)	
副詞	名詞以外を説明するもの(おまけのイメージ)
❹ 例 **fast**(はやく)，**always**(いつも)，**very**(とても)	

 品詞はこれ以外にも，冠詞[a/an/the]や前置詞[in/on/at …]などがある。でも，基本的にはほかの単語とセットで4つの役割のいずれかをになうよ。

 これは日本語と似てるね。ほかに何か注意すべきことはある？

 英語は「カタマリをつくって動く」ことも意識しよう。たとえば下の文で品詞を考えてみよう！ 細かい視点と，大まかな視点で考えるとおもしろいよ。

 なるほど！ 1つ1つの単語がカタマリとなって，「名詞」や「副詞」をつくるんだね。

RULE ❸ 英語は「文字 × 音」のセットで覚えよう！

 コハルさんは英語を勉強するとき，何か意識していることはある？

 うーん，英語を見て，ひたすら書いて覚えてる感じかな。何かおすすめはありますか？

 英語を学ぶ上でおすすめなのは「文字と音」をセットで覚える方法だよ。特に英語を聞いて，声に出して読む習慣がつくと，五感を使うから記憶に残りやすいんだ。

 けど私，英語の発音が下手だから，ちょっとはずかしいかも。

 大丈夫！ まずははずかしくてもいいから，英語を聞いてそのまままねする癖をつけてみると，いろいろな発見があるよ。たとえば次の単語，なんて読むかわかる？

Help me !

 えっと，「ヘルプミー！」。意味は「私を助けて！」ですよね？

 意味はバッチリ。ここで help を「ヘルプ」じゃなくて「ヘオプ」って読んでみて？

 え，すごい！ これだけでアメリカ人みたいな発音になった！

 そうそう，これだけでも楽しいんだよね。カタカナで音読することから始めてもいいんだけど，できれば耳で聞いて，自分なりにカッコよく発音できるようになると楽しいよ。

 せっかくなら，ほかの英語ももっと聞いてみたい！

 じゃあ，次の単語をネイティブの人に読んでもらうので，自分なりにどう聞こえたか，カタカナで書いてみようか！（これを読んでいる君も書いてみて！）

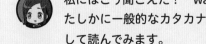 私にはこう聞こえた！ water＝ワラ，girl＝ゴー，apple＝アポ
たしかに一般的なカタカナ表記とは発音がちがうね！ これからは，もっと英語を声に出して読んでみます。

 そうだね。これから出てくる例文には音声がついているので，実際に英語を聞きながら発音してみてね。

現在の文

1章

英語では，動作を行う時点や状態が現在のことなのか，過去のことなのか，未来のことなのかを，動詞の形を変えることで表現するんだ。これを「時制」というんだけど，まずは中学1年生の範囲である「現在」のことを，この章では勉強するよ！

SUBARU

ぼくは今ちょうど，学校で勉強している範囲だよ！
すばる先生に教えてもらえるなんて，超ラッキー！

私は受験勉強を始めたところだから，ちゃんと復習して，もっと点数が取れるようにしたいです。

レッスン 1〜14 の音声をまとめて聞けます。

「私は〜です」ってどう書くの？

I am Subaru.　I'm a teacher.

01

ぼくはすばるです。ぼくは先生です。

 教育系 YouTuber(PASSLABO)のすばるです。今日からしばらくの間，君たちに英語を教えることになりました。突然だけどショウくん，英語は得意？

 え？ うーん，あんまり得意ではないけど，できるようにはなりたい。

 ぼくはそんな君たちを助けたくて来たんだ。じゃあ，さっそく be 動詞の文から始めようか。ちなみにショウくん，今回の例文で be 動詞はどれだかわかる？

 be 動詞…は，am かな？ たしか be 動詞は am，are，is の 3 つだったよね。

 That's right!　「私は〜です」とか「彼は〜にいます」みたいに，人を説明する文でよく使うんだ。be 動詞は「＝(イコール)のはたらきをする動詞」って覚えるといいよ。

I am[I'm] a YouTuber.
(私はユーチューバーです)
You are kind.　(あなたは親切です)
He is in the classroom.　(彼は教室にいます)

POINT

〈主語 + be 動詞 + 主語の説明 .〉
↑
「＝」のはたらき
(イコール)

 うん，意味はだいたいわかった。でも am と are と is のどれを使えばいいのか，いつも迷っちゃうんだ。

 be 動詞は主語によって変える必要があるからね。右の表を見てほしいんだけど，実はルールはシンプルなんだ。

 そっか。I am と You are だけ覚えておけば，あとは主語が単数なら is，複数なら are にすればいいんだね。

 それで使い分けはバッチリだよ。主語は「人」だけじゃなくて，「もの」でもルールは同じなんだ！

主語	be 動詞
I	am
you	are
he / she / it this / that Subaru my house （単数）	is
you / we / they these / those Sho and Miu two countries （複数）	are

STEP 1 次の文の（　　）内の正しいほうを選び，◯で囲みなさい。

① 私は学生です。

I （　am ／ is　） a student.

be 動詞は主語で
決まるんだ。

② 私たちは親友です。

We （　is ／ are　） good friends.

③ それは地図です。

It （　am ／ is　） a map.

STEP 2 次の日本文に合うように，（　　）内の語句を並べかえなさい。

① 私は疲（つか）れています。

（ am ／ tired ／ I ）.

_____

③ 「～にいる」は〈be 動詞
＋前置詞（in など）＋場所〉
の形で表すことが多いよ。

② 彼の名前はショウです。

His （ is ／ name ／ Sho ）.

His _____.

③ 彼らは体育館にいます。

（ the gym ／ are ／ in ／ they ）.

_____

STEP 3 次の日本文を英語に直しなさい。

① 私はお腹がすいています（hungry）。

_____

② あなたはとてもかわいいです（very cute）。

_____

③ ミウ（Miu）は中学生（a junior high school student）です。

_____

④ 私の両親（parents）は台所にいます（in the kitchen）。

_____

「～ではありません」ってどう書くの？

音声を
聞こう

02

I am not a doctor.

ぼくは医者ではありません。

 前回，be 動詞の文は「～です」っていう意味になるって勉強したよね。では質問です。「～ではありません」っていう否定文をつくるときに必要なのは何でしょう？

 いきなりクイズ？　えっと，not をつければいいんじゃないかな。

 正解！　否定文の重要なキーワードは not なんだ。でも大事なのは，どこに not を置くかってこと。下の表を見てくれるかな。

She is ___ **a tennis player.**
↓（彼女はテニスの選手です）

She is |not| **a tennis player.**
（彼女はテニスの選手ではありません）

---

be 動詞の後ろに
not を置けば，否
定文になるよ。

 not を be 動詞の後ろに置くだけでいいんだ。意外と簡単だった。ところで，be 動詞って I'm とか you're みたいに**短縮形を使うことが多い**けど，何かルールってあるの？

 Good point! 短縮のしかたには 2 通りあるんだけど，ここでまとめて覚えちゃおう。主語と be 動詞をくっつける方法と，be 動詞と not をくっつける方法があるんだ。

もとの形	①〈主語＋be 動詞〉を短縮	②〈be 動詞＋not〉を短縮
I am not	I'm **not**	― （I amn't とは言わない）
You are not	You're **not**	You aren't
He is not	He's **not**	He isn't
She is not	She's **not**	She isn't
It is not	It's **not**	It isn't
We are not	We're **not**	We aren't
They are not	They're **not**	They aren't

 am not の短縮形だけがないんだね。でも，こんなに全部覚えるのは大変そう。

 実はパターンがあるんだ。am は「'm」，are は「're」，is は「's」を主語につけるだけ。not も be 動詞に「n't」をつけるだけだから，発音しながら覚えちゃおう！

STEP 1 次の文の（　　）内の正しいほうを選び，○で囲みなさい。

1 私は忙しくありません。

I （　am not / not am　） busy.

2 彼は日本人ではありません。

He （　is not / are not　） Japanese.

3 ミウとその少女は姉妹ではありません。

Miu and the girl （　isn't / aren't　） sisters.

STEP 2 次の日本文に合うように，（　　）内の語句を並べかえなさい。

1 あなたはまちがっていません。

（ are / wrong / not / you ）.

_____ .

2 それは私の教科書ではありません。

（ not / textbook / it's / my ）.

_____ .

3 ショウは今，家にいません。

（ home / is / Sho / at / not ） now.

_____ now.

STEP 3 次の日本文を英語に直しなさい。

1 私は眠く (sleepy) ありません。

_____

2 彼らはサッカー選手 (soccer players) ではありません。

_____

3 英語は難しく (difficult) ありません。

_____

4 彼女は教室に (in the classroom) いません。

_____

3 単数の名詞を and でつなぐと，複数になるんだ。

3 「家にいる」は〈be 動詞＋at home〉で表せるよ。not の位置に注意！

「あなたは〜ですか」ってどう書くの？

Are you from Japan?
— Yes, I am.

音声を聞こう

03

あなたは日本出身ですか。—はい，そうです。

 今回の例文は be 動詞の疑問文だよ。海外に行ったら，こんな質問をされることもあるかもしれないね。さて，ふつうの文と何がちがうかな？ ヒントは be 動詞の位置！

 えーと…，be 動詞が文の最初にきてる？

 そう，そこがポイント！ You are from Japan.（あなたは日本出身です）の you と are が入れかわってるだけなんだ。

 ふつうの文の主語と be 動詞を逆にすれば疑問文になるってこと？ 意外と簡単だね！

 そうだね。あ，もちろん文の最後に「？」をつけるのも忘れないでね。読み方は，最後を上げて(⤴)読むんだ。

He **is** a junior high school student.
（彼は中学生です）

Is he a junior high school student?
（彼は中学生ですか）

— Yes, he is. / No, he isn't[he's not / he is not].
（はい，そうです / いいえ，ちがいます）

POINT

もとの形は〈主語＋be 動詞＋主語の説明 .〉
【疑問文】
主語と be 動詞を入れかえて，文末に「？」をつける。

 答えの Yes, he is. と No, he isn't. のあとには，実は質問文にある "a junior high school student" が省略されているんだ。

 そうか，言わなくてもわかる部分は省略されるんだね。
あと，Are you 〜?（あなたは〜？）って聞かれたら，You are 〜. じゃなくて I am 〜.（私は〜）で答えるのが，意外とまちがえやすいよね。

 ただ入れかえるだけじゃなくて，ちゃんと意味を考えようってことだね。

STEP 1 次の文の（　　）内の正しいほうを選び，◯で囲みなさい。

① コハルはあなたの友達ですか。

（　Are ／ Is　）Koharu your friend?

② あなたは緊張していますか。

（　Are you ／ You are　）nervous?

③ 〈②の質問に対して〉はい，しています。

Yes, （　you are ／ I am　）.

③ Are you 〜?「あなたは〜？」の質問には，「私は〜」で答えるんだね。

STEP 2 次の日本文に合うように，（　　）内の語句を並べかえなさい。

① あなたは先生ですか。

（ a ／ you ／ teacher ／ are ）?

＿＿＿＿＿＿＿＿＿＿＿＿＿＿＿＿＿＿＿？

② そのドラマはおもしろいですか。

（ the ／ is ／ interesting ／ drama ）?

＿＿＿＿＿＿＿＿＿＿＿＿＿＿＿＿＿＿＿？

③ 彼女はあなたのクラスメートですか。

（ your ／ she ／ classmate ／ is ）?

＿＿＿＿＿＿＿＿＿＿＿＿＿＿＿＿＿＿＿？

疑問文は，慣れるまでは，ふつうの文をつくってから，主語と be 動詞を入れかえるといいよ。

STEP 3 次の日本文を英語に直しなさい。

① あなたは幸せ(happy)ですか。

＿＿＿＿＿＿＿＿＿＿＿＿＿＿＿＿＿＿＿

② ショウ(Sho)は生徒(a student)ですか。

＿＿＿＿＿＿＿＿＿＿＿＿＿＿＿＿＿＿＿

③ 彼らは有名な芸術家(famous artists)ですか。

＿＿＿＿＿＿＿＿＿＿＿＿＿＿＿＿＿＿＿

④ その部屋(the room)は静か(quiet)ですか。

＿＿＿＿＿＿＿＿＿＿＿＿＿＿＿＿＿＿＿

主語によって be 動詞が変わるのを思い出そう。主語が I なら am，you なら are，それ以外の単数なら is，複数なら are だったね。

英語の Tips ❶

単数形と複数形のちがいって何？

■単数形と複数形のちがい

単数形：ものや人が 1 つ[1 人]のときの名詞の形

複数形：ものや人が 2 つ[2 人]以上のときの名詞の形

たとえば，次の文を英語に訳すと，どんなちがいがあるかわかるかな？

❶「あなたは先生です」　❷「あなた方は先生です」

- -

❶ あなたは 〈主語〉　＋　です〈be 動詞〉　＋　先生
　　 You 　　　　　　　　 are 　　　　　　　 a teacher .

❷ あなた方は〈主語〉　＋　です〈be 動詞〉　＋　先生
　　 You 　　　　　　　　 are 　　　　　　　 teachers .

主語が単数と複数だけど，英文だとどっちも You だから，まちがえそうだね。
ちがうのは，a teacher と teachers のところか。

日本語はどっちも「先生」だけど，英語だと単数形と複数形とで形を変える必要があるよ
ね。単数形と複数形のつくり方を確認してみよう。

POINT

■単数形の場合

数えられる名詞であれば，前に a[an] を置く

例 an apple（1 個のリンゴ）, a boy（1 人の男の子）, a bus（1 台のバス）

- -

■複数形の場合

数えられる名詞であれば，後ろに -s[es] をつける

例 apples, boys, buses

a[an] は名詞の前につけて，「1 つ[1 人]の」という意味を表すんだ。後ろの名詞が母音
[a / i / u / e / o] に似た音で始まる場合だけ an になるよ。

たとえば 1 本の傘だと an umbrella，2 本の傘なら two umbrellas になるってことね。

ちなみに「あなたは英語の先生です」っていうときは，You are an English teacher. で
an は English の前につくんだ。名詞の前に形容詞があるときは，とくに気をつけよう！

自分に合う勉強法をどうやって見つけるの？

ミウ

> すばる先生，私に合う勉強法って，どうしたら見つけられる？

すばる先生

> 勉強法が合う・合わないって，人によってそれぞれだよ。たとえば，英単語の覚え方でも，視覚的に覚える，ノートに書いて覚える，口に出して覚えるなど，いろいろな暗記法があるよね。

> また，単語帳を何周もして覚えるか，1つの単語に時間をかけて覚えたら次へいくかなど，いろいろなやり方がある。

> うん，うん。

> どれが合うかは人によってちがうから，まずはミウさんができそうな方法を試してみて，続けられそうなものを続けていくといいよ。

> そっか。じゃあ，まずはいろいろ試してみるね！

COMMENTS

くめはら先生

> いろいろな勉強法を試してみるのは，とっても大切だとぼくも思う！ 意外な方法が自分に合うこともあるから，とにかく実践してみよう！ まずは1週間くらい続けてみるのが，個人的にはおすすめかな。

「私は～をします」ってどう書くの？

I teach English.

🔊 音声を聞こう

04

ぼくは英語を教えます。

 さあ，ここからは「一般動詞」について説明するよ。一般動詞っていうのは，**be 動詞以外の動詞全部**のことなんだ。ところでショウくん，この例文の動詞はどれかわかるかな？

 teach かな？ teach って「教える」っていう意味だよね。あと，これってすばる先生のこと？ teach する人が teacher だって考えると覚えやすいかも。

 Yes! I am an English teacher.（ぼくは英語の先生です）と同じことを言ってるんだ。teach と teacher みたいに似た単語をいっしょに覚えると，効率よく単語力をアップできるよ。じゃあ，ほかの一般動詞も見てみよう。

I watch TV every day.
（私は毎日テレビを見ます）

You have a smartphone.
（あなたはスマートフォンを持っています）

We like cats.
（私たちはネコが好きです）

POINT

だれが（主語）→ どうする（動詞）→ 何を（目的語）
の順番で文を組み立てるよ！
　［まちがいの例］
× I soccer play. 〈 目的語は動詞のあと！
× I am play soccer. 〈 動詞は 1 つだけ！

 一般動詞には，watch（見る）のように**動作を表す**ものや，like（好きだ）のように**状態を表す**ものがあるんだけど，どっちも語順は同じだよ。

 この「I（私は）」→「watch（見ます）」→「TV（テレビを）」って順番は，まだ慣れないなー。日本語とちがうし…。

 慣れるには音読がいちばんだよ。ちなみに，上の例文の動詞は「現在形」っていう形なんだけど，**ふだん習慣的に繰り返していること**や，**現在その状態にあること**を表すんだ。「毎日～をする」とか，「～を持っている」とかね。

 every day（毎日）はよく使いそう。文の最後に置けばいいんだね。毎日じゃないけど「ときどき」って言いたいときも，この形でいいのかな？

 sometimes（ときどき），often（しばしば・よく），usually（ふつうは），always（いつも），のように**頻度を表す語**は，**肯定文ではふつう，動詞の前に入れる**っていうことも覚えておこう！

STEP 1 次の文の（　　）内の正しいほうを選び，◯で囲みなさい。

① 私はあの少女を知っています。

I （　am know ／ know　） that girl.

② 私たちはリンゴが好きです。

We （　apples like ／ like apples　）.

③ 私はよく数学を勉強します。

（　I ／ I'm　） often study math.

① ③ 1つの文に動詞は 1 つだよ。

STEP 2 次の日本文に合うように，（　　）内の語句を並べかえなさい。

① あなたは水が必要です。

（　you ／ water ／ need　）.

_____.

② 私は姉[妹]がいます。

（　have ／ sister ／ a ／ I　）.

_____.

③ 「（楽器）を演奏する」は〈play the＋楽器名〉で表すよ。

③ 私は毎日ピアノをひきます。

（　the piano ／ I ／ play　） every day.

_____ every day.

STEP 3 次の日本文を英語に直しなさい。

① 彼らは日本語（Japanese）を話します。

_____

④ 頻度を表すことばはふつう，動詞の前に入れるんだね。

② 私は自転車（a bike）が欲しいです。

_____

③ 私には 2 人の兄（two brothers）がいます。

_____

④ 私はふつうは（usually）米（rice）を食べます。

_____

「私は〜に行きます」ってどう書くの？

You go to school on weekdays.

君たちは平日，学校に行くんだね。

音声を聞こう

05

 これってぼくたちに向かって言ってるの？　たしかに平日は学校に行くけどね。

 お，例文をあっさり理解できたね。前回は I teach English.（私は英語を教えます）っていう文を勉強したけど，今回の例文で前回習ったこととちがうなって思うところない？

 えー？　主語が you で，動詞は go。同じ「主語＋動詞」だし，別にないと思うけど…。

 前回習った動詞は「他動詞」といって，後ろに「何を」を表す名詞がすぐに続いたよね。この名詞を「目的語」っていうんだけど，今回習う「自動詞」はすぐ後ろに目的語がこないんだ。例文を見てみよう。

I live in Tokyo.
（私は東京に住んでいます）

We walk to work.
（私たちは歩いて仕事に行きます）

Many people come to this park.
（多くの人々がこの公園に来ます）

POINT

日本語の「〜に／〜で」とつながる動詞は，自動詞であることが多い。

【自動詞】

だれが 主語	→	どうする 自動詞	（→	どこに／どこで

【他動詞】

だれが 主語	→	どうする 他動詞	→	何を 目的語

 たしかにみんな動詞のあとに，in や to がきてる！　これって名詞じゃなくて，前置詞だよね。

 なるほどね！　だから後ろに前置詞がきたら「自動詞」って言えるんだね。後ろに名詞がきてないってことだもんね。

 そう，前置詞は絶対必要ってわけじゃないんだ。We walk.（私たちは歩く）だけでもちゃんと文になってるしね。
でも，go to 〜（〜に行く）や listen to 〜（〜を聞く）みたいに「動詞＋前置詞」で決まり文句になっているものも多いから，セットで覚えるようにするといいよ。

練習問題 | 解答解説 ▶▶ 別冊 4 ページ

STEP 1 次の文の(　　)内の正しいほうを選び，○で囲みなさい。

1 私は音楽を聞きます。

I (　listen / listen to　) music.

2 あなたは私のことを考えています。

You (　think / think about　) me.

3 彼(かれ)らはレストランで働いています。

They (　work / work at　) a restaurant.

STEP 2 次の日本文に合うように，(　　)内の語句を並べかえなさい。

1 あなたはよく私にほほえみます。

(smile / me / often / at / you).

_____.

2 人々は私を見ます。

(at / look / me / people).

_____.

3 彼らは海で泳ぎます。

(swim / they / the sea / in).

_____.

STEP 3 次の日本文を英語に直しなさい。

1 私は学校まで走ります(run)。

_____

2 あなたは大阪(Osaka)に住んでいます(live)。

_____

3 彼らは毎年(every year)アメリカ(America)に行きます。

_____

4 私たちは毎晩(every night)眠(ねむ)ります(sleep)。

_____

don't って何者 !?

音声を聞こう

06

I don't give up.

ぼくはあきらめません。

 これって，すばる先生のことばだよね。「ぼくはあきらめない」ってすごく「らしい」な。先生の YouTube 動画見て，私もがんばろうって思っちゃった！

 え，すばる先生って YouTube やってるの？

 ちょっと，最初に YouTuber って言ってたよ！ 動画で勉強に役立つ情報を発信してるんだよ。ショウは知らなかった？

 あ，そうだった！ ごめんなさい，忘れてました。

 いやいや，気にしないで！ さて今回は一般動詞の否定文だよ。英語は〈主語＋動詞〉が基本だけど，例文は動詞の前に don't が入ってるね。これで動詞を否定する意味になるんだ。

 たしか be 動詞は後ろに not を入れるだけだったよね。I am <u>not</u> tired. みたいに。

 よく覚えてたね！ そう，この **don't は do not の略**なんだけど，これを**一般動詞の前に置く**んだ。

 do って「〜をする」って意味じゃなかった？

 That's right! ただ do not[don't] の do は「〜する」っていう意味の動詞じゃなくて，動詞を助ける役割をする「助動詞」なんだ。助動詞についてはあとで勉強するけど，ここでは「動詞の前について動詞を助ける」くらいに覚えておけばいいよ。

I   watch PASSLABO videos.
↓（私は PASSLABO の動画を見ます）
I don't watch PASSLABO videos.
（私は PASSLABO の動画を見ません）

一般動詞の前に
don't を置けば，
否定文になるよ。

 なんかこの例文，ショックだわー（笑）

STEP 1 次の文の(　　)内の正しいほうを選び, ◯で囲みなさい。

1 私はコーヒーを飲みません。

I (　not　/　do not　) drink coffee.

2 私たちは野球をしません。

We (　do not　/　not do　) play baseball.

3 あなたは時間がありません。

You (　aren't　/　don't　) have time.

STEP 2 次の日本文に合うように, (　　)内の語句を並べかえなさい。

1 私たちはイヌを飼っていません。

(a dog / don't / we / have).

_____.

1 「(動物)を飼う」は have で表すんだね。

2 彼<ruby>ら<rt>かれ</rt></ruby>は朝食を食べません。

(don't / breakfast / eat / they).

_____.

3 私はトマトが好きではありません。

(I / not / tomatoes / do / like).

_____.

STEP 3 次の日本文を英語に直しなさい。

1 私はスポーツ(sports)を楽しみません。

_____

4 「あなたはあなたの部屋を〜」だとくどいから「自分の部屋を〜」と言いかえていると考えよう。

2 彼らは日本語(Japanese)を話しません。

_____

3 私たちはあなたの名前(your name)を知りません。

_____

4 あなたは自分の部屋(your room)を<ruby>掃除<rt>そうじ</rt></ruby>しません。

_____

「あなたは～しますか」ってどう書くの？

音声を聞こう

Do you like amusement parks?
— Yes, I do.

あなたは遊園地が好きですか。—はい，好きです。

07

 すばる先生が話しかけてる，この「？」マークの人ってだれだろう？

 お，気がついた？ これはぼくからの「謎解き」だよ。これからときどき マークのついた例文が出てくるから，それをヒントに，この「謎の人」がだれかを当ててほしいんだ。

 わかった！「遊園地が好き」だけじゃ，あんまり絞れないけどね。今回の Do you ～? を使って質問ぜめにすれば，謎は解けそうなのになぁ。

 学んだ英語を使おうとする姿勢がすごくいいね，ショウくん。さて，今回は一般動詞の疑問文のつくり方だけど，ふつうの文と何がちがうかな？

 文が Do で始まってるよね。be 動詞のときは，主語と動詞を入れかえたけど，今回は文の頭に Do を置いただけみたい。

 そう！ 一般動詞の文は，文頭に Do を置けば疑問文になるんだ。文の最後に「？」マークをつけて，最後を上げて(↗)読むのは，be 動詞の疑問文といっしょだね。

You speak English well.
↓ （あなたは上手に英語を話します）
Do you speak English well?
（あなたは上手に英語を話しますか）
— Yes, I do. / No, I don't[do not].
（はい，話します／いいえ，話しません）

POINT
【ふつうの文】
〈主語＋一般動詞（＋目的語）.〉
【疑問文】
文頭に Do を置いて，文末に「?」をつける。

 この Do ってもしかして，前回習った「助動詞」？ 動詞の前について動詞を助けるっていう…。

 Excellent! この Do は「する」っていう意味の動詞じゃなくて，動詞 speak を助ける助動詞なんだ。今はとりあえず，be 動詞の疑問文は am，are，is を文頭に移動するのに対して，一般動詞の疑問文は do を文頭に追加する，と覚えておけばいいよ。

 Do ～? で聞かれているから，答えるときも do を使って答えるのね。

STEP 1 次の文の（　　）内の正しいほうを選び，○で囲みなさい。

1　私たちは今日，英語の授業がありますか。
（　We do ／ Do we　）have an English class today?

2　あなたはインターネットを使いますか。
（　Are ／ Do　）you use the Internet?

3　〈2 の質問に対して〉はい，使います。
Yes, （　I am ／ I do　）.

STEP 2 次の日本文に合うように，（　　）内の語句を並べかえなさい。

1　あなたはこの本を知っていますか。
（ this book ／ you ／ do ／ know ）?

_____?

2　彼(かれ)らは日本茶を飲みますか。
（ do ／ drink ／ Japanese tea ／ they ）?

_____?

3　あなたは毎日ふろに入りますか。
（ a bath ／ every day ／ do ／ take ／ you ）?

_____?

3 「ふろに入る」は take a bath で表すよ。

STEP 3 次の日本文を英語に直しなさい。

1　あなたは夕食を料理しますか。

_____

2　ショウとミウは歩いて学校に行きますか(walk to school)。

_____

3　彼らは毎年(every year)旅行しますか。

_____

4　〈3 の質問に対して〉いいえ，しません。

_____

2 Sho and Miu がセットで主語になるけど，疑問文のつくり方はほかと同じだよ。

「～して」「～しないで」ってどう言うの？

Open the window, please.

音声を聞こう

08

窓を開けてください。

 Open the window. って，ぼくに言ってるの？　でもまあこのくらいの英語は，小学校で習ってるからねー。開けてきまーす。

 Thank you, Sho. じゃあ，今日の例文を見ていこうか。
Open the window. は一般動詞の命令文なんだけど，どこがふつうの文とちがうかな？

 主語がないとこかな。

 Good! 命令や提案をするときは，**主語を省略して，動詞で文を始める**んだ。命令文の主語は相手(you)に決まってるから，わざわざ言わずに省略するんだね。

Close the door.
（ドアを閉めなさい）

Please close the door. /
Close the door, please.

↓
（ドアを閉めてください）

Don't **close the door.**

（ドアを閉めないで）

POINT

please を命令文の前かあとにつけると「お願い」の表現になる。
【肯定の命令文】
主語を省略して，動詞から始める。
【否定の命令文】
主語を省略して，文頭に Don't を置く。

 命令文っていっても「～しなさい」って**命令する**だけじゃないんだね。「～して」とか「～しないで」って**依頼する**ときや，「～してはいけません」って**禁止する**ときにも使えるんだ。

 命令文も動詞の前に don't を置くだけで否定の意味になるんだね。これは一般動詞の否定文をつくるときのルールと同じだね。

 そうだよ。おまけで be 動詞の命令文についても言っておくと，am，are，is の文を命令文にするときは，**動詞を be にする**んだ。つまり Be ～ . や Don't be ～ . の形だね。

 じゃあ You are quiet.（あなたは静かです）だったら，Be quiet.（静かにして）や Don't be quiet.（静かにしないで）になるってことね。なるほどー。今まで使ってた表現のしくみがわかって，ちょっとうれしいな。

STEP 1 次の文の（　　）内の正しいほうを選び，◯で囲みなさい。

① すわってください。

Please （ sit / you sit ） down.

② このペンを使わないで。

（ Not / Don't ） use this pen.

③ ここにいなさい。

（ Here stay / Stay here ）.

STEP 2 次の日本文に合うように，（　　）内の語句を並べかえなさい。

① 手を洗いなさい。

（ hands / wash / your ）.

_____.

② ホワイトボードを見て。

（ at / whiteboard / look / the ）.

_____.

③ この川で泳いではいけません。

（ in / don't / this / swim / river ）.

_____.

STEP 3 次の日本文を英語に直しなさい。

① あなたの部屋を掃除しなさい。

_____

② 図書館で（in the library）走らないで。

_____

③ 10時に寝なさい（go to bed）。

_____

④ この絵（picture）にさわってはいけません（touch）。

_____

③「〜しないで」や「〜してはいけません」も否定の命令文で表せるよ。

③「〜時に」は〈at＋数字〉で表せるよ。

疑問詞ってどう使う？【be動詞編】

 音声を聞こう

09

Where is my pen?
— It's on the floor.

ぼくのペンはどこですか。—床（ゆか）の上です。

 ペンが見あたらないと思ったら，床に落ちてたよ。コハルさん，教えてくれてありがとう。今日は英語でいろんな質問ができるように，疑問詞をたくさん覚えるよ。

 疑問詞って，疑問文の頭につける wh- で始まるやつだよね？ what（何），who（だれ），when（いつ），where（どこ），which（どちらの・どれ），whose（だれの），みたいな。あと how（どのような）も入るんだっけ？

 Excellent! 今回は，疑問詞を使った疑問文【be動詞編】だよ。基本の形は〈疑問詞＋is[am, are]＋主語?〉だけど，最後を下げて（↘）読むのが今までの疑問文とはちがうね。

What is your name? — My name[It] is Sho.
（あなたの名前は何ですか）　（ぼくの名前はショウです）

| STEP 1 |
| 文頭に疑問詞を置く。|

Who is your teacher? — My teacher is Subaru.
（あなたの先生はだれですか）（ぼくの先生はすばる先生です）

| STEP 2 |
| 〈be動詞＋主語〉を続ける。|

When is his birthday?
　　　　　— His birthday[It] is March 1st.
（彼（かれ）の誕生日はいつですか）　（彼の誕生日は3月1日です）

| STEP 3 |
| 最後に「?」をつける。|

How are you? — I'm fine, thank you.
（調子はどうですか）　（ぼくは元気です，ありがとう）

 疑問詞は「わかっていない内容」の代わりをする語なんだ。だから「場所」なら where，「人」なら who みたいに，いちばん知りたいことを表す疑問詞から文を始めるのがポイントだよ。

 あと答え方も，今までの疑問文は Yes/No で答えていたけど，疑問詞で聞かれたら Yes/No は使わないで，聞かれた内容を答えるんだね。

 Good point! ほかにも What time is it now?（今，何時ですか）みたいに〈what＋名詞〜?〉の形の疑問文もあるんだ。一気に覚えなくていいから，1つずつ使える表現をふやしていこう。

STEP 1 次の文の（　　）内の正しいほうを選び，◯で囲みなさい。

1 あの女の子はだれですか。

（　What　/　Who　）is that girl?

2 あなたはいつがひまですか。

（　When are　/　When is　）you free?

2 be 動詞は主語の you に合わせるんだね。

3 どちらがあなたの自転車ですか。

（　How　/　Which　）is your bike?

STEP 2 次の日本文に合うように，（　　）内の語句を並べかえなさい。

1 あなたの妹さんの調子はどうですか。

（　sister　/　how　/　is　/　your　）?

_____?

1 〈How＋be 動詞＋人?〉で，人の調子をたずねる疑問文になるよ。

2 駅はどこですか。

（　is　/　station　/　the　/　where　）?

_____?

3 あなたの夢は何ですか。

（　your　/　dream　/　what　/　is　）?

_____?

STEP 3 次の日本文を英語に直しなさい。

1 あれは何ですか。

_____

2 be 動詞は「彼ら」に合わせるよ。

2 彼らはだれですか。

_____

3 あなたの誕生日（birthday）はいつですか。

_____

4 これはだれの教科書（textbook）ですか。

_____

疑問詞ってどう使う？【一般動詞編】

What do you mean?

音声を
聞こう

10

どういう意味？

 ♪What do you mean?♪　これってジャスティン・ビーバーの曲だっけ？

 そうそう，ショウくんは音楽が好きなのかな。例文には日常でよく聞くフレーズも入ってるから，ぜひ使ってみて。さて今回は，疑問詞を使った疑問文【一般動詞編】だよ。

 前回の【be 動詞編】の疑問文とは，つくり方がちがうってことだね。一般動詞って数が多いから，疑問詞と組み合わせたら，ものすごくいろんなことが聞けそう。

 せっかくだから，今回はコハルさんからショウくんにいくつか質問してもらおうかな。

What do you want? — **I want a smartphone.**
（何が欲しいですか）　　　　　（ぼくはスマホが欲しいです）

When do you go to bed? — **I go to bed at eleven.**
（いつ寝ますか）　　　　　　（ぼくは 11 時に寝ます）

How do you go to school? — **I go to school on foot.**
（どうやって学校に行きますか）　　（ぼくは歩いて学校に行きます）

Who do you like? — **I don't know.**
（だれが好きですか）　　（わかりません）

STEP 1
文頭に疑問詞を
置く。
STEP 2
〈do ＋ 主語 ＋ 動
詞〜〉を続ける。
STEP 3
最後に「?」をつ
ける。

 意外と今まで習ったことで答えられた！　最初の疑問詞を聞き取るのがすごく重要だってわかったよ。

 疑問文のつくり方としては，〈疑問詞 ＋ do ＋ 主語 ＋ 動詞〜?〉の順番でいいんですよね。

 正解！　疑問詞のある疑問文は最後を下げて（↘）読むのもポイントだよ。What subject do you like?（どの教科が好き？）みたいに〈What ＋ 名詞〉で始まる疑問文もつくれるよ。

 その答えなら，私は I like English. だな。最近，英語が前より使えるようになったから楽しい！　ところでショウくん，最後の質問，答えられないと思ってたよー。

 … What do you mean?

STEP 1 次の文の（　）内の正しいほうを選び，◯で囲みなさい。

1 あなたは何のペットを飼っていますか。
（　What / Who　）pet do you have?

2 私たちはどこで昼食をとりますか。
（　Where are / Where do　）we have lunch?

3 紅茶とコーヒー，どちらが欲しいですか。
（　How / Which　）do you want, tea or coffee?

STEP 2 次の日本文に合うように，（　）内の語句を並べかえなさい。

1 あなたはいつゲームをするのですか。
（　you / when / games / do / play　）?

_____?

2 あなたはだれの歌を歌うのですか。
（　sing / songs / do / you / whose　）?

_____?

3 あなたはこの本をどうやって使うのですか。
（　this book / use / do / how / you　）?

_____?

STEP 3 次の日本文を英語に直しなさい。

1 彼らはだれが好きですか。

_____

2 あなたはどこに住んでいますか。

_____

3 あなたはどちらの色が好きですか。

_____

4 あなたは手の中に（in your hand）何を持っていますか。

_____

2 疑問文の中に一般動詞 have があるということは…。

2 whose は〈Whose＋名詞～?〉の形で使うことが多いよ。

4 in your hand は文の最後につけるよ。

How で始まる疑問文を覚えよう！

SUBARU

■ How で始まる疑問文

How old are you? （おいくつですか）

　　— **I'm twelve (years old).** （12 歳です）

How much is it ? （おいくらですか）

　　— **It is 300 yen.** （300 円です）

How tall are you? （身長はどのくらいですか）

　　— **I'm 150 centimeters (tall).** （150 cm です）

 これまでに習った疑問詞の中から，How（どのくらい）で始まる疑問文を見てみよう。たとえば How のあとに old, much, tall などの形容詞を置くことで，年齢，値段，身長を相手にたずねることができるんだ。

 全部，数字で答えられそうだね。でも，疑問詞のあとって be 動詞か do がくるんじゃなかったっけ？

 今回は〈How＋形容詞〉がセットで疑問詞のはたらきをしていると考えてみよう。語順は下のようになるよ。

POINT

■疑問文のつくり方

　| How | ＋ | 形容詞 | ＋ | be 動詞 | ＋ | 主語 | ？
　（疑問詞）

■答え方

　| 主語 | ＋ | be 動詞 | ＋ | 数字 | （＋ | 単位 | ）.

 How old are you? だと「あなたはどのくらい古いですか」っていう意味になりそうだよね。

 old は「（ものが）古い」っていう意味だけじゃなくて，「年老いた」って意味もあるんだよ。だから年齢を聞いてることになるんじゃない？

 Great! 英単語の意味は 1 つではないので，少しでも疑問に思ったことは辞書で調べてみよう。

塾に通うことのメリットは?

コハル

すばる先生，最近，クラスの人たちが塾に通い出したんだけど，通ったほうが合格率は上がるのかな?

すばる先生

塾に通わないと合格できないということはないけど，通わせてもらえるなら通うのもいいと思うよ。

そうなんだ。塾へ通うメリットって何?

ぼくが思う塾のメリットは，勉強に集中できる環境に身を置けることかな。家にいると誘惑に負けて勉強できないという人は，塾に行くといいと思う。

たしかに家で勉強しようと思うと，スマホやテレビの誘惑に負けちゃうんだよね。

だったら，コハルさんには向いているかもね。塾での授業中はスマホを出すことはできないし，がんばっている人たちの姿を見て，自分もやらなくてはと思えるよ。

COMMENTS

こーさく先生

「勉強に集中できる環境」ってとても大事だよね! さすが，すばる先生だ〜。ぼくは受験生時代に塾には通っていなかったけど，家での勉強に集中できないときは，カフェとか公民館とか，周りに人がいる環境に行って勉強するようにしていたよ!

ミス多発！ 3単現って何のこと？

HINT

  音声を聞こう

He loves drawing.

彼は絵をかくことが大好きです。

11

 He って「謎の人」のことだよね。よし，男性確定だな。それで，絵をかくのか…。いや，それより今は「ミス多発！」のほうが気になるな。

 そう，今回学習する「3人称単数現在」，通称「3単現」は，英語の中級者でもミスしやすいポイントなんだ。
まず「3人称」の意味から説明するね。右の表を見てくれる？

	単数	複数
1人称 （話し手）	I （私）	we （私たち）
2人称 （聞き手）	you （あなた）	you （あなたたち）
3人称 （その他）	he　she （彼）（彼女） it （それ）	they （彼ら，彼女ら，それら）

 「3人称」って，「私（たち）」でも「あなた（たち）」でもない人ってことだね。

 そう。正確には人だけじゃなくて，ものでもいいんだ。たとえば English みたいに形がないものでも，3人称ってことになるよ。

 じゃあ「3単現」っていうのは，3人称の単数(he, she, it など)が主語の現在形の文ってこと？

 Perfect! be 動詞が「is」になるときって覚えてもいいね。
主語がその条件のときに，一般動詞の語の終わりに s または es がついた形になるんだ。

I play baseball. 【1人称】
（私は野球をします）
He plays baseball. 【3人称】
（彼は野球をします）

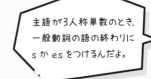 主語が3人称単数のとき，一般動詞の語の終わりに s か es をつけるんだよ。

 最後に「3単現の s」をつけるときのパターンを確認して，実際に次のページの練習問題を解いてみよう！

語の終わりに s をつける	come → comes ／ like → likes など
語の終わりに es をつける	go → goes ／ teach → teaches など
語の終わりの y を i に変えて es をつける	study → studies ／ try → tries など
不規則に形が変わる	have → has

STEP 1 次の文の( )内の正しいほうを選び，○で囲みなさい。

1 彼女はピアノをひきます。

She (play / plays) the piano.

2 彼女はふつう 7 時に起きます。

She usually (gets / get) up at seven.

3 すばる先生は英語と数学の両方を教えます。

Subaru (teach / teaches) both English and math.

3「人の名前」も
3 人称単数だよ。

STEP 2 次の日本文に合うように，( )内の語句を並べかえなさい。

1 私の母はとても上手に歌います。

(my / very well / sings / mother).

_____.

2 ミウは毎晩 YouTube 動画を見ます。

(watches / Miu / YouTube videos) every night.

_____ every night.

3 太陽は朝，昇ります。

(in the morning / sun / rises / the).

_____.

STEP 3 次の日本文を英語に直しなさい。

1 彼は新しい自転車が欲しいです。

_____

2 みんな(everyone)が彼女を知っています。

_____

3 彼はときどき(sometimes)図書館で(in the library)勉強します。

_____

4 ショウには 1 人の妹がいます。

_____

2 everyone(みんな)
は単数あつかいだよ。

12 do の変化形！ does を使うのはどんなとき？

Does Koharu play sports?
— Yes, she does.

コハルさんはスポーツをしますか。—はい，します。

12

 3人称についてはわかったかな？ 今回は，3単現の否定文と疑問文について勉強するよ。ところでショウくん，「助動詞」の do って覚えてる？

 うん，たしか動詞の前に置いて，動詞を助けるんだよね。I don't know. とか，Do you like English? とか。

 Great! それがわかっていれば，今回の does も簡単に攻略できるよ。主語が3人称単数の現在の文では，「助動詞」の do は does になるんだ。また，否定の does not は doesn't と短縮できるよ。

		POINT
Sho　　　　　　　runs fast. （ショウははやく走ります） Sho doesn't[does not] run fast. （ショウははやく走りません） Does Sho　　　　run fast? （ショウははやく走りますか） — Yes, he does . / No, he doesn't[does not] . （はい，走ります / いいえ，走りません）		【否定文】 動詞の前に doesn't を置いて，動詞を原形にする。 【疑問文】 文頭に Does を置いて動詞を原形にし，文末に「?」をつける。

 もう1つのポイントは，「助動詞」の does を使うときは，動詞が原形（もとの形）になるってことなんだ。

 つまり，否定文や疑問文になると，3単現の s や es は消えちゃうんだね。代わりに「助動詞」の do に es がついて does になったと考えれば覚えやすいかな。

 Does 〜? の質問には，does を使って答えるんだよね。

 そう。あと，疑問文の主語がものや人の名前だったら，答えの文では he, she, it などの代名詞に置きかえるのも重要なポイントだよ。Sho → he，Miu → she とかね。

 だから例文の Does Koharu play sports? の答えは，Yes, she does. になるんだね。

STEP 1 次の文の( )内の正しいほうを選び，◯で囲みなさい。

① 私の弟は牛乳を飲みません。

My brother (doesn't / isn't) drink milk.

② ミウはチョコレートが好きですか。

(Do / Does) Miu like chocolate?

③ 〈②の質問に対して〉はい，好きです。

Yes, (it does / she does).

③ の主語は ② の主語 Miu を置きかえるんだよ。

STEP 2 次の日本文に合うように，( )内の語句を並べかえなさい。

① 彼女はトマトを食べません。

(eat / doesn't / she / tomatoes).

_____.

② あなたのお母さんは日曜日に働きますか。

(on Sundays / mother / does / work / your)?

_____?

③ その電車はあの駅で止まりません。

(not / stop / the / does / train) at that station.

_____ at that station.

③ 人以外が主語になることもあるんだ。

STEP 3 次の日本文を英語に直しなさい。

① その男性は地図(a map)を持っていますか。

_____

② 私の父は料理をしません(cook)。

_____

③ あなたのお姉さんはマンガ(comic books)を読みますか。

_____

④ 〈③の質問に対して〉いいえ，読みません。

_____

④ 「あなたのお姉さん」を「彼女」と置きかえて答えるんだね。

PART 4

3単現

CHAPTER 1

英語の Tips ❸

see と look at と watch のちがい

SUBARU

■「見る」を表す英語表現

see ：自然と目に入るものを見る

look at：あるものを意識的に視線を向けて見る

watch ：動いているものを意識的にじっと見る

日本語の「見る」という意味に対して，英語では複数の表現があるんだ。
次の 3 つの表現のニュアンスのちがいはわかるかな？

❶ see the boy　　　❷ look at the boy　　　❸ watch the boy

see は，たまたま男の子が視界に入ってきた感じなんじゃない？ だから「見る」というよりは「見かける」とか「見える」の表現が近いんじゃないかな？

look at は，男の子にわざわざ目を向けて見るイメージかな？ Look at that!（あれを見て！）とか，相手にそっちの方向を見てほしいときに使うよね。

watch は，テレビや映画を「観る」ときに使うから，動いている男の子をずっと見ている感じじゃない？

3 人ともポイントをよく理解できてるね！ 下のイラストのようにイメージでとらえるとわかりやすいよ。

POINT

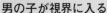

see	look at	watch
男の子が視界に入る	男の子に視線を向けて見る	男の子の動きをじっと見る

ちがいがわかると，おもしろいね。これからは，ちょっと意識して使い分けるようにしてみよう！

朝食を食べたほうがいいって本当？

ショウ

> すばる先生，脳の働きをよくするために，
> 朝食を食べたほうがいいって聞いたんだけど，
> それって本当？

すばる先生

 ショウくん，本当だよ！
さまざまな科学的な研究の結果，朝食は学習能力，
記憶力などを高めるうえで，大きな役割をになう
ことがわかっているんだ。

朝食を食べると，脳に血液が送られて目が覚める
し，体内のリズムを整える効果もあるんだよ。

> そうなんだ！

また，脳がエネルギー源として利用できる
栄養素はブドウ糖だけ。
朝に炭水化物，とくに白米を食べるとブド
ウ糖が得られるので，朝はできれば白米を
しっかり食べるといいよ。

COMMENTS
いっせー先生

基本的には食べたほうがいいっていうのは，ぼくもすばる先生と
同じ意見だな。ただ，別に朝からガッツリ食べなくても，ちょっ
とした食べ物なんかでもいいんじゃない？ シリアルとか，フルー
ツジュースなんかでもいいと思う。

「今～しているところ」ってどう書くの？

Koharu is playing basketball now.

 音声を聞こう

コハルさんは今，バスケットボールをしています。

13

今日，コハルさんはバスケの試合で来られないって。あ，今ちょうど試合中だ！
ということで，それをお知らせする例文をつくってみました！

「バスケットボールをしています」なら She plays basketball. でいいんじゃないの？

たしかに「（ふだんから）～をやっています」と「（たった今）～をやっています」は日本語
だと区別がつかないよね。でも英語ではそれぞれ別の表現になるんだよね，すばる先生！

ミウさん，ありがとう。ショウくんも Good point! 英語では，「現在進行中の動作」を
表すには，現在進行形〈be 動詞＋動詞の ing 形〉を使うんだ。

じゃあ「ふだんから英語を勉強している」って言いたいときは We study English. で，
「今まさに勉強中だ」って言いたいときは We are studying English. になるのか。

Good! ちなみに now は「今」という意味で，よく進行形といっしょに使われるんだ。
現在形と現在進行形のつくり方を比較してみよう。

Sho 　talks　 with Miu every day.　　　　【現在形】
　　↓（ショウは毎日，ミウと話します）
Sho is talking with Miu now.　　　　　　【現在進行形】
（ショウは今，ミウと話しています）

- -

Sho and Miu 　study　 English hard.　　【現在形】
（ショウとミウは，一生懸命英語を勉強します）
Sho and Miu are studying English hard.【現在進行形】
（ショウとミウは，一生懸命英語を勉強しています）

基本の形は〈be 動詞＋動詞の
ing 形〉。be 動詞は主語によって変
わるんだったね。
I → am / you → are / それ以外の
単数 → is / それ以外の複数 → are

これで現在進行形の使い方はだいたいわかったかな？ 実は進行形にしない動詞もあって，
たとえば like（好きだ），know（知っている），want（欲しい）などの状態を表す動詞は，
原則として進行形にはしないんだ。動作が進行するイメージがしにくいものだね。

そっか。ぼくは今スマホが欲しいんだけど，I'm wanting a smartphone. じゃなくて，
現在形で I want a smartphone. って言うってことだね。

STEP 1 次の文の（　　）内の正しいほうを選び，◯で囲みなさい。

① 2 人の男の子がゲームをしています。

Two boys （　playing ／ are playing　） games.

② 彼らはホテルに滞在しています。

They （　are ／ do　） staying at a hotel.

③ ミウは自分のアルバムを見ています。

Miu （　is look ／ is looking　） at her album.

現在進行形の形は〈be 動詞＋動詞の ing 形〉だよ。

STEP 2 次の日本文に合うように，（　　）内の語句を並べかえなさい。

① 私たちはバスを待っています。

（ the bus ／ are ／ for ／ we ／ waiting ）.

_____

② コハルは夕飯をつくっています。

（ cooking ／ dinner ／ is ／ Koharu ）.

_____

③ 私はあなたに話しかけています。

（ am ／ to ／ talking ／ I ／ you ）.

_____

① 「〜を待つ」は wait for 〜，③ 「〜に話しかける」は talk to 〜で表すよ。

STEP 3 次の日本文を英語に直しなさい。

① そのネコは眠っています。

_____

② 彼らは映画（a movie）を見ています。

_____

③ 彼は今，新聞（a newspaper）を読んでいます。

_____

④ その女の子（the girl）は自分の手（her hands）を洗っています。

_____

「今～している？」ってどう書くの？

What is Koharu doing now?
── She's running in the park.

音声を
聞こう

14

コハルさんは今，何をしていますか。──彼女は公園で走っています。

 現在進行形は「今まさに，ある動作が進行中」ってことを表すことがわかったかな。ところで，コハルさんは何で今，走ってるの？

 昨日の試合，負けちゃったみたい。気合い入れ直すために走ってくるって。

 ストイックだなあ。さて，今日は現在進行形の続きで，否定文と疑問文のつくり方だよ。

Miu **is** **listening** to music.
（ミウは音楽を聞いています）

Miu **is not[isn't] listening** to music.
（ミウは音楽を聞いていません）

Is Miu **listening** to music?
（ミウは音楽を聞いていますか）

── **Yes, she is.** / **No, she isn't[is not].**
（はい，聞いています / いいえ，聞いていません）

POINT

【ふつうの文】
〈主語＋be 動詞＋動詞の ing 形～.〉
【否定文】
be 動詞のあとに not を置く。
【疑問文】
主語と be 動詞を入れかえて，文末に「?」をつける。

---

 not を be 動詞の後ろに置いて否定文をつくるのも，主語と be 動詞を逆にすれば疑問文になるのも，be 動詞の現在形の文と同じだね。

 Good point! 意外と新しく覚えることは少ないんだ。…と油断させておいて，ちょっと覚えてほしいこともあるんだよね。今回の例文の running を見て何か気づくことはない？

 なんで running の n が 2 つなの？ run に ing をつければいいんじゃないの？

 実は ing のつけ方にはルールがあって，意外とミスしやすいポイントなんだ。ここではそのパターンだけ紹介しておくね。（詳しくは 56 ページの「英語の Tips ④」を見てね）

語の終わりにそのまま ing をつける	play → playing / eat → eating / walk → walking など
語の終わりの e を取って ing をつける	come → coming / have → having / write → writing など
語の終わりの子音字を重ねて ing をつける	run → running / swim → swimming / get → getting など

STEP 1 次の文の（　　）内の正しいほうを選び，○で囲みなさい。

③ の主語は ② の主語と同じだよ。

① 私は歌っていません。

I am （　not singing ／ singing not　）.

② 彼_{かれ}らは今，テレビを見ていますか。

（　Do ／ Are　）they watching TV now?

③ 〈②の質問に対して〉いいえ，見ていません。

No, （　they aren't ／ it isn't　）.

STEP 2 次の日本文に合うように，（　　）内の語句を並べかえなさい。

① あなたは手袋_{て ぶくろ}を使っていますか。

（ you ／ are ／ gloves ／ using ）?

_____?

② ミウは写真を撮_とっていません。

（ not ／ pictures ／ taking ／ is ／ Miu ）.

_____.

③ 私の父は今，車を運転_{うんてん}していません。

（ is ／ not ／ a car ／ driving ／ my father ）now.

_____ now.

STEP 3 次の日本文を英語に直しなさい。

④ 「あなたは〜?」と聞かれたら「私は〜」で答えるんだ。

① 彼女は今，踊_{おど}っているのですか。

_____

② ショウは今，彼の宿題（his homework）をやっていません。

_____

③ あなたはテストのために（for the test）勉強しているのですか。

_____

④ 〈③の質問に対して〉はい，しています。

_____

動詞の ing 形のつくり方を復習しよう！

SUBARU

■動詞の ing 形のつくり方

❶ 基本の形：語の終わりにそのまま ing をつける
❷ 語の終わりが e：e を取って ing をつける
❸ 語の終わりが〈強く短く発音する母音＋1 子音字〉：
子音字を重ねて ing をつける

ing 形のつくり方には上のようなルールがあるんだ。パターンに分けて，問題形式で答えを入れてみよう。まずは❶の，動詞の最後にそのまま ing をつけるパターンだよ。

		意味		ing 形	
例	listen	聞く		listening	
(1)	look				
(2)	study				

じゃあ，次は❷の，動詞の最後の e を取って ing をつけるパターンだね。

		意味		ing 形	
(3)	make				
(4)	use				

じゃあ，最後に❸のパターンをやってみよう。下の例だと，短い母音 [i] のあとに子音字 [m] があるから，m を 2 つ重ねるんだね。

		意味		ing 形	
例	swim	泳ぐ		swimming	
(5)	run				
(6)	sit				

 ❶と❷はわかるんだけど，やっぱり❸が難しいな。どうやって覚えたらいいかな？

 ❸の単語は少ないから，問題で出てくるたびに「重ねるやつだ」って意識して，発音しながら覚えるといいよ。（巻末の「不規則動詞の変化表」も参考にしてね！）

答え
(1) 見る・looking　(2) 勉強する・studying　(3) つくる・making　(4) 使う・using
(5) 走る・running　(6) すわる・sitting

勉強中，集中力を上げるコツは？

ショウ

すばる先生，勉強を始めたのに気が散って，あんまり頭に入っていないことが多いんだ。集中するにはどうしたらいい？

すばる先生

ショウくん，その時間にすること，しないことを決めるのが大事だよ。
たとえば，英語の勉強をしているのに，テスト前だからとあせって「このあと，数学と国語もやらないと」とか考えて，今の英語に集中できなくなることってない？

あるある！

でしょ！ そういうときは，「今のこの時間は数学も国語もやらない」とはっきり決めれば，英語だけに集中できるよ。

ちなみに休日の勉強の計画を立てるときも，「午前中は英語だけ」，「午後は数学だけ」のように決めると，集中しやすくなるから試してみて！

COMMENTS

でんがん先生

ぼくも多くのことを同時に行うのが苦手な性格だから，すばる先生が言うとおり，「この時間はこれしかやらない！」って決めて勉強しているよ。あせらずに１つずつやるべきことをやっていくことを，おすすめするよ！

まとめのテスト

得点

／100

解答解説 ▶▶ 別冊 9 ページ

① 次の日本文に合うように，＿＿＿＿＿ に適する語を書きなさい。

4 点×5（20 点）

(1) あれは私たちの教室です。

That ＿＿＿＿＿ our classroom.

(2) 彼らは毎日ジムに行きます。

They ＿＿＿＿＿ ＿＿＿＿＿ the gym every day.

(3) ここでお待ちください。

Please ＿＿＿＿＿ here.

(4) あなたの誕生日はいつですか。— 3 月 1 日です。

＿＿＿＿＿ is your birthday? — It's March 1st.

(5) 彼はカナダに住んでいますか。— いいえ，住んでいません。

＿＿＿＿＿ he live in Canada? — No, he ＿＿＿＿＿.

② 次の英文を日本語に直しなさい。

7 点×4（28 点）

(1) Ken doesn't have a cat.

(   )

(2) Use this bike, please.

(   )

(3) What do you have in your bag?

(   )

(4) We are listening to music.

(   )

----

① (2)「～に行く」は go to ～ で表す。
(5) 3 人称単数現在の疑問文には，does を使う。
② (1) have には「持っている」のほかに「飼っている」という意味もある。

3 次の日本文に合うように，（　　）内の語句を並べかえなさい。　5点×4（20点）

(1) 私は眠くありません。

（ not / I / sleepy / am ）.

_____.

(2) あなたはギターをひきますか。

（ the / do / play / you / guitar ）?

_____?

(3) 祖母はスマートフォンを持っていません。

（ doesn't / grandmother / have / smartphone / a / my ）.

_____.

(4) あなたは今，何をしているのですか。

（ are / now / what / doing / you ）?

_____?

4 次のような状況のとき，英語で何というか，書きなさい。　8点×4（32点）

(1) 相手がオーストラリア（Australia）出身かたずねたいとき

_____

(2) 自分は「緑茶（green tea）が好きではない」と伝えたいとき

_____

(3) 相手の夢（dream）をたずねたいとき

_____

(4) 自分は「今，テレビを見ているところだ」と伝えたいとき

_____

- -

3 (4) 疑問詞を使った現在進行形の疑問文。

4 (1)「～出身」は〈be 動詞＋from ～〉で表す。
　　(3)「あなたの夢は何ですか」という疑問文をつくる。

Q&A 05　勉強と部活を両立させる方法は？

ミウ

すばる先生，文化祭が近づくと演劇部の練習と準備で忙しくて。
勉強と両立させるにはどうしたらいい？

すばる先生

ミウさん，ぼくも部活をやっていたから，気持ちはわかるよ。でも，ちょっとしたスキマ時間も見逃さないようにすれば，勉強時間をふやすことはできる。たとえば登下校中，電車やバス通学だったら，英単語を覚える時間にできるよね。

私はバス通学だけど，友達といっしょだと，自分だけ勉強しづらいな。

だったら，友達もまき込んでみたら？
お互いに問題を出すようにすると，アウトプットも加わってより知識が定着するし，友達からの出題でわからなかったものが印象に残るので，おすすめだよ。

それ，いいね！

COMMENTS

くめはら先生

スキマ時間の活用は，ぼくも意識していたよ。ぼくの場合は，トイレに英熟語の表を貼って，必ず声に出して読むようにしていたなぁ。おかげで英熟語が得意になったよ！

2章 過去の文・未来の文

1章に引き続き，この章では「時制」の中でも「過去」と「未来」の表現をあつかうよ。とくに過去形は動詞が規則的に変わるものと，不規則に変わるものがあるので，一つひとつていねいに覚えていこう！「未来」を表す will と be going to のちがいも要チェックだよ。

SUBARU

過去形は中1で習うんだよね！英語で日記を書くときに過去形をよく使うので，早く勉強したいな。

ちょうど私は未来形を習ったところだよ。過去形とちがって動詞に変化がないので，覚えやすい！

レッスン 15〜21 の音声をまとめて聞けます。

「私は〜しました」ってどう書くの？

 I played games with Sho yesterday.

私は昨日，ショウといっしょにゲームをしました。

 🔊 音声を聞こう

15

 あれ？　ショウ，昨日ミウと遊んだんだ。あいかわらず仲いいね。

 …ご，ごほっ。べ，別にゲームしただけだし。

 じゃあ，楽しそうなショウくんに質問してみようかな。今回の例文は，yesterday（昨日）がついている一般動詞の過去の文なんだけど，現在の文とちがうのはどこでしょう？

 動詞の play が played になってるとこ！

 正解！　多くの一般動詞が，語の終わりに ed または d をつけると過去形になるんだ。play – played みたいに規則的に変化する動詞のことを規則動詞っていうんだよ。

Sho visits **Miu's house.**　　　　　【現在形】
（ショウはミウの家を訪問します）

Sho visited **Miu's house yesterday.**　【過去形】
（ショウは昨日，ミウの家を訪問しました）

> 一般動詞の原形の語の終わりに(e)d をつけるのが過去形の基本だよ。

---

 3 単現の s がついた動詞は，s をとってもとの形（原形）にしてから (e)d をつけるんだね。それと，規則動詞っていっても，(e)d のつけ方は何通りかあるんだよね？

 That's right!　過去形の形のパターンをまとめてみたよ。不規則に形が変わる動詞については，巻末の「不規則動詞の変化表」を見てね。

語の終わりに ed をつける	play → played ／ look → looked ／ watch → watched など
e で終わる動詞は，語の終わりに d をつける	live → lived ／ use → used ／ like → liked など
語の終わりの y を i に変えて ed をつける	study → studied ／ try → tried ／ worry → worried など
最後の子音字を重ねて ed をつける	stop → stopped ／ drop → dropped など
不規則に形が変わる	go → went ／ come → came など

 過去を表す表現として，yesterday（昨日）のほかに，last 〜（昨〜），at that time（そのとき），〜 ago（〜前）などもいっしょに覚えておこう。

STEP 1 次の文の（　　）内の正しいほうを選び，○で囲みなさい。

1　あなたは新しいコンピュータを欲しがっていました。
You （　want / wanted　） a new computer.

2　彼女は彼女のイヌが大好きでした。
She （　loves / loved　） her dog.

3　私は先週，博物館に行きました。
I （　go / went　） to the museum last week.

STEP 2 次の日本文に合うように，（　　）内の語句を並べかえなさい。

1　私たちは駅まで歩きました。
（ station / the / to / walked / we ）.

_____.

2　昨晩，ショウはミウに電話しました。
（ called / last / Miu / night / Sho ）.

_____.

3　数人の友達が私の家に来ました。
（ my house / some friends / to / came ）.

_____.

STEP 3 次の日本文を英語に直しなさい。

1　私の父は朝食（breakfast）を料理しました。

_____

2　彼らは映画（the movie）を楽しみました。

_____

3　彼は今日，日本史（Japanese history）を勉強しました。

_____ today.

4　コハルは今朝，彼女の靴（her shoes）を洗いました。

_____ this morning.

2「昨晩」は last night で表すよ。

使う動詞はそれぞれ，
1 cook，2 enjoy，
3 study，4 wash
の過去形だよ。

PART 6

過去形・過去進行形

CHAPTER 2

did を使うのはどんなとき？

 Did you have breakfast this morning?
— No, I didn't.

 音声を
聞こう

君は今朝，朝食を食べましたか。—いいえ，食べていません。

16

 ああ，お腹すいた〜。寝坊して，朝ごはん食べそびれちゃった。

 そんなときは，I got up late.(寝坊した)っていう表現が使えるよ。さて，今回は過去形の否定文と疑問文だよ。ショウくん，もちろん「助動詞」の do はもう覚えたよね？

 またそれか〜。さすがに覚えたよ。否定文とか疑問文とかをつくるときに，動詞の前に置く do でしょ。I <u>don't</u> 〜. とか <u>Do</u> you 〜? とか。

 その基本が大事なんだよ。「助動詞」の do やその変化形の does は，過去形の文では did になるんだ。「助動詞」を使うときは，動詞を原形(もとの形)にすることも忘れずにね。

Miu 　　　　　　 got up late.
（ミウはおそく起きました）
Miu didn't[did not] get up late.
（ミウはおそく起きませんでした）
Did **Miu** 　　　　　 get up late?
（ミウはおそく起きましたか）
— **Yes, she** did . /
　 No, she didn't[did not].
（はい，起きました / いいえ，起きませんでした）

POINT
【ふつうの文】
〈主語＋動詞の過去形〜.〉
【否定文】
動詞の前に didn't を置いて，動詞を原形にする。
【疑問文】
文頭に Did を置いて動詞を原形にし，文末に「?」をつける。

 過去の文は3人称単数を意識しなくていいからよかった〜。否定文なら動詞の原形の前に didn't[did not] を置いて，疑問文なら文頭に Did を置いて動詞を原形にすればいい，と。

 That's right! 上の表を見れば，過去形の否定文・疑問文も，実は現在形の否定文・疑問文とつくり方は同じなんだってわかったよね。

 Did 〜? で聞かれてるから did を使って答えるっていうのもほかの疑問文といっしょだね。

 そうだね。あと，復習になるけど，疑問文に答える文では，主語を he, she, it などの代名詞に置きかえるのも忘れないようにね。

STEP 1 次の文の（　　）内の正しいほうを選び，◯で囲みなさい。

1 ショウは昨夜，よく眠れませんでした。

Sho （　did not / not did　） sleep well last night.

2 あなたは新しいゲームを手に入れましたか。

（　Do / Did　） you get a new game?

3 〈2 の質問に対して〉はい，手に入れました。

Yes, （　I am / I did　）.

STEP 2 次の日本文に合うように，（　　）内の語句を並べかえなさい。

1 昨日あなたは私に電話してくれませんでした。

（ call / didn't / me / you ） yesterday.

_____ yesterday.

2 彼はいつチームに加入したのですか。

（ the team / did / he / join / when ）?

_____ ?

3 あなたはどこでこのTシャツを買いましたか。

（ buy / where / you / this T-shirt / did ）?

_____ ?

STEP 3 次の日本文を英語に直しなさい。

1 その男の子は魚を食べませんでした。

_____

2 私は今朝，学校まで歩き（walk to）ませんでした。

_____ this morning.

3 彼らは湖の上で（on the lake）スケートをしたのですか。

_____

4 〈3 の質問に対して〉いいえ，しませんでした。

_____

2 3 はどちらも疑問詞で始まる疑問文だよ。

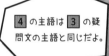

4 の主語は 3 の疑問文の主語と同じだよ。

PART 6 過去形・過去進行形

「～でした」ってどう書くの？

HINT

音声を聞こう

His family was poor.

彼の家族は貧乏でした。

17

 今回の例文は「謎の人を当てよう」バージョンだね。家族は貧乏だったってことか。まだ全然，見当がつかないなー。

 この本を1冊読み終わったら，たぶんわかるよ。世界的に有名な人だからね。
さて，今回は be 動詞の過去形だよ。実は **be 動詞の過去形は was と were の2つしかない**んだけど，現在形には am，is，are の3つがあったよね。

あ，わかりまーす。**am，is の過去形が was で，are の過去形が were** だよね。

I am a university student.	【現在形】
↓（私は大学生です）	
I was a university student then.	【過去形】
（私はそのとき大学生でした）	
We are busy now.	【現在形】
↓（私たちは今，忙しいです）	
We were busy last week.	【過去形】
（私たちは先週，忙しかったです）	

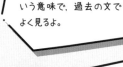
then は「そのとき」っていう意味で，過去の文でよく見るよ。

last ～は「昨～」っていう意味で，last night（昨夜），last Friday（先週の金曜日），last year（昨年）などで使うよ。

 否定文や疑問文のつくり方も確認しておきたいな。つくり方は現在形といっしょだよね。

You were in the room then.	**POINT**
（あなたはそのとき部屋にいました）	【否定文】
You were not[weren't] in the room then.	was[were] のあとに
（あなたはそのとき部屋にいませんでした）	not を置く。
Were you in the room then?	【疑問文】
（あなたはそのとき部屋にいましたか）	主語と was[were] を
― Yes, I was. / No, I was not[wasn't].	入れかえて，文末に
（はい，いました／いいえ，いませんでした）	「?」をつける。

STEP 1 次の文の（　　）内の正しいほうを選び，◯で囲みなさい。

1 私は昨日，疲れていました。

I （　was / were　） tired yesterday.

2 あなたは昨夜，どこにいましたか。

Where （　are / were　） you last night?

3 私は祖父母の家にいました。

I （　am / was　） at my grandparents' house.

STEP 2 次の日本文に合うように，（　　）内の語句を並べかえなさい。

1 彼は有名なピアニストでした。

（ a / famous / he / pianist / was ）.

_____.

2 彼らはあなたを心配していました。

（ about / they / worried / were / you ）.

_____.

2 「〜を心配する」は
be worried about
〜で表すよ。

3 この靴はとても高価でした。

（ expensive / were / very / these shoes ）.

_____.

STEP 3 次の日本文を英語に直しなさい。

1 私たちはそのとき (then) 台所にいました (in the kitchen)。

_____

4 the ticket を
it に置きかえて答え
るんだよ。

2 ミウは怒っていませんでした。

_____

3 そのチケット (the ticket) は無料 (free) だったのですか。

_____

4 〈3 の質問に対して〉いいえ，ちがいます。

_____

過去進行形ってどんなときに使うの？

What were you doing?
— I was washing my hands.

音声を
聞こう

何をしていたの？—手を洗っていました。

18

 コハルさん，急にいなくなったからどうしたのかと思ったよ。

 すみません！ ペンのインクがもれて手が汚れちゃったので，洗ってたんです。

 Oh, you were washing your hands.（手を洗っていたんだね）
今回の過去進行形の例文にちょうどいいね。

 過去進行形って前に習った現在進行形の過去バージョンって考えればいいのかな。現在進行形は「（今）〜している」だったから，過去進行形は「（過去に）〜していた」って意味？

 Perfect! 現在進行形と比較して考えるとわかりやすいよ。

She is sleeping now.　【現在進行形】
（彼女は今，眠っています）

She was sleeping at that time.　【過去進行形】
（彼女はそのとき眠っていました）

> at that time は「その
> とき」っていう意味で，過
> 去の文でよく見るよ。

 なるほど！ 「過去に進行中だった動作」を表すんだね。be 動詞を過去形に変えればいいだけなら簡単！

Sho was watching TV.
（ショウはテレビを見ていました）

Sho was not[wasn't] watching TV.
（ショウはテレビを見ていませんでした）

Was Sho watching TV?
（ショウはテレビを見ていましたか）

— Yes, he was. / No, he wasn't[was not].
（はい，見ていました / いいえ，見ていませんでした）

POINT

【ふつうの文】
〈主語＋was[were]＋動詞の
ing 形〜.〉
【否定文】
was[were]のあとに not を置く。
【疑問文】
主語と was[were] を入れかえ
て，文末に「?」をつける。

 過去進行形は then や at that time（そのとき）などの「時」を表す副詞といっしょに使われることが多いけど，それがなくても，進行中の動作をイメージすることが大事だね。

練習問題

STEP 1 次の文の（　　）内の正しいほうを選び，◯で囲みなさい。

2 進行形の文は，〈be 動詞＋動詞の ing 形〉が基本だよ。

1 私は彼と話していませんでした。

I was （　not talking / talking not　） with him.

2 彼女はそのとき泣いていましたか。

（　Does / Was　） she crying then?

3 〈2 の質問に対して〉いいえ，泣いていませんでした。

No, （　she didn't / she wasn't　）.

STEP 2 次の日本文に合うように，（　　）内の語句を並べかえなさい。

1 たくさんの鳥が空を飛んでいました。

（ birds / flying / many / were ） in the sky.

_____ in the sky.

2 あなたは何を教えていましたか。

（ teaching / were / what / you ）?

_____?

3 彼は台所でピザを切っていました。

（ a pizza / cutting / he / was ） in the kitchen.

_____ in the kitchen.

STEP 3 次の日本文を英語に直しなさい。

1 その子どもたち (the children) は眠っていました。

_____

4 の主語は 3 と同じだよ。複数形になることに注意。

2 ショウはそのとき，彼の宿題 (his homework) をしていませんでした。

_____

3 彼らは野球をしていましたか。

_____

4 〈3 の質問に対して〉はい，していました。

_____

英語の Tips ❺

不規則動詞の過去形を覚えよう！

■不規則動詞の覚え方

語の終わりなどの形のパターンに注目して覚えよう！

不規則動詞は数が多いから，覚えるのが大変だよね。
みんなはどうやって覚えてるんだろう？

動詞の変化のしかたには，よく見るとパターンがあるんだよ。
たとえば，語の終わりの形が同じ動詞には，同じパターンで変化するものがあるよ。
右の単語を声に出して読んでみて。

	原形 [-end]	過去形 [-ent]
送る	send	sent
過ごす	spend	spent
貸す	lend	lent

たしかに声に出して読むと，パターンがあるのがわかる！
語の終わりの形でいうなら，-ow で終わる語が，過去形では -ew に変化するっていうのも，まとめて覚えられそう。

	原形 [-ow]	過去形 [-ew]
知る	know	knew
投げる	throw	threw
成長する	grow	grew

逆に過去形の語の終わりだけが同じっていうパターンもあるよね。私が見つけたのはこれ！

	原形	過去形 [-ought]
買う	buy	bought
持ってくる	bring	brought
考える	think	thought
戦う	fight	fought

bought なんて，発音聞いてもつづりは思い浮かばないし，難しいんだけど，逆にインパクト強くて覚えちゃうね。

語の終わり以外にもいろいろな変化の規則性があるから，自分でパターンを見つけてみるのもおもしろいよ。
発音すると記憶に残りやすいし，さらに新しい発見もありそうだね。
いっしょに楽しんで覚えていこう！（巻末の「不規則動詞の変化表」も参考にしてね！）

休日の勉強をスムーズに始めるコツは？

コハル

> すばる先生，休日にだらだらしないで，さっと勉強を始めるコツってある？

すばる先生

> コハルさん，何事も始めるまでがいちばん大変だよね。ここをだらだらしちゃうと1日だらけちゃう。それを防ぐには，起きてから勉強するまでの時間をできるだけ短くするといいよ。

> 具体的には？

> 朝起きて，トイレや洗顔など最低限のことを済ませたら，まず机に向かう！

> えっ，朝食は？

> もちろん，食べるよ。でも，食べる前に少しだけ机に向かうんだ。
> いきなり新しいことをやるとなるとハードルが高いから，まずは昨日の復習を30分だけやる。
> それから朝食を食べると，朝食後も再開しやすくなるよ。

COMMENTS

こーさく先生

> 朝食前に勉強…かぁ。すばる先生，さすがストイックだなあ～。ぼくもコハルさんと同じで，どうしても休日はだらけちゃうことが多かったから，いちばん最初に何の勉強をするかを，前日の夜のうちに決めておく，ということをしていたよ！

未来のことってどう書くの？

Tomorrow will be a good day!

🐰))) 音声を
聞こう

19

明日はきっといい日になる！

 あっ，これ私の好きな歌のタイトルだ！「明日はきっといい日になる」ってすごく前向きで元気が出るんだよね。

 will を使うと，未来のことを表すだけじゃなくて，「～するつもり」とか「～するでしょう」とか，話し手の気持ちを表現することもできるんだ。まずは基本の形を見てみよう。

He | will | come tomorrow.
（彼は明日，来るでしょう）

He | will not[won't] | come tomorrow.
（彼は明日，来ないでしょう）

| Will | he come tomorrow?
（彼は明日，来るでしょうか）

― Yes, he | will | . / No, he | will not[won't] | .
（はい，来るでしょう／いいえ，来ないでしょう）

POINT
【ふつうの文】
〈主語＋will＋動詞の原形～.〉
【否定文】
動詞の前に will not[won't] を置いて，動詞を原形にする。
【疑問文】
文頭に Will を置いて動詞を原形にし，文末に「?」をつける。

 未来は〈will＋動詞の原形〉の形で表すんだけど，動詞の前に置くってことは，will は何だと思う，ショウくん？

 わかった！ will は動詞を助ける「助動詞」でしょう！「助動詞」があるときは，動詞は原形（もとの形）になるんだよね。

 Perfect! 最後に will を使った例文をいくつか挙げてみるよ。主語によって少し意味が変わってくるから，そこにも注目してね。慣れてきたら，短縮形も使ってみよう。

I will[I'll] stay home tonight.
（今夜は家にいるつもりです）

She will[She'll] come home soon.
（彼女はすぐに帰宅するでしょう）

It will not[won't] rain tomorrow.
（明日は雨が降らないでしょう）

POINT
【1人称(I, we)のとき】
「～するつもり」という〈意志〉を表す。
【それ以外のとき】
「～でしょう」という〈推量〉を表す。

STEP 1 次の文の（　　）内の正しいほうを選び，○で囲みなさい。

1 私は昼食後，あなたに会うつもりです。

I（　am ／ will　）meet you after lunch.

2 彼らはすぐに戻ってくるでしょうか。

（　Will ／ Are　）they come back soon?

3 〈2 の質問に対して〉はい，戻ってくるでしょう。

Yes, （　they do ／ they will　）.

STEP 2 次の日本文に合うように，（　　）内の語句を並べかえなさい。

1 私たちはそのバスに乗りません。

（ not ／ ride ／ we ／ will ）on the bus.

_____ on the bus.

> 2 天気を言うときは，
> It で文を始めよう。

2 土曜日は晴れないでしょう。

（ be ／ it ／ sunny ／ won't ）on Saturday.

_____ on Saturday.

3 すばる先生があなたの質問に答えます。

（ answer ／ question ／ Subaru ／ will ／ your ）.

_____.

STEP 3 次の日本文を英語に直しなさい。

1 彼女は泣かないでしょう。

_____

> 3 日本語の「します」は未来も表すよ。「明日」に注目。
> 4 「あなたは〜？」の質問には「私は〜」で答えよう。

2 私の両親は新しい車（a new car）を買うでしょう。

_____

3 あなたは明日，野球をしますか。

_____

4 〈3 の質問に対して〉いいえ，するつもりはありません。

_____

willとbe going toはどうちがう？

I'm going to visit my cousin in New York.

音声を
聞こう

私はニューヨークのいとこを訪ねる予定です。

20

 へー，コハルさんってニューヨークにいとこがいるんだ。遊びに行けていいなー。でも未来のことを言うなら，I will visit my cousin. でいいんじゃないの？

 実は，will のほかに，〈be going to＋動詞の原形〉という表現を使って未来を表すこともできるんだ。このときの be は主語に合わせて変える必要があるよ。

 えーっ，それなら全部 will でいいよー。意味は同じなんでしょ？

 will と be going to はどちらも未来を表すけど，少しニュアンスがちがうんだ。will は「（話し手が）今，決めたこと」，be going to は「以前から決まっている予定」を表すことが多いよ。

> **I will see the doctor tomorrow.**
> （私は明日，医者に行くつもりです）
> **I am going to see the doctor tomorrow.**
> （私は明日，医者に行く予定です）

 will は「今，決めたこと」，be going to は「すでに予定していたこと」を表すんだ。

 あー，やっぱり使い分けたほうがいいのか。ってことは，否定文や疑問文のつくり方も覚えなきゃいけないんだよね？

 大丈夫！ be going to の否定文や疑問文のつくり方は，be 動詞の文と同じなんだ。復習のつもりで見てみよう。

> You are not[aren't] going to see the doctor.
> （あなたは医者に行く予定はありません）
> Are you going to see the doctor?
> （あなたは医者に行く予定ですか）
> — Yes, I am. / No, I am not.
> （はい，そうです／いいえ，ちがいます）

POINT
【否定文】
be 動詞のあとに
not を置く。
【疑問文】
主語と be 動詞を入れかえて，文末に「?」をつける。

STEP 1 次の文の（　　）内の正しいほうを選び，◯で囲みなさい。

1 私たちはどこにも引っ越すつもりはありません。

We（　are ／ do　）not going to move anywhere.

2 彼女はあのドレスを着るつもりでしょうか。

（　Will ／ Is　）she going to wear that dress?

3 〈**2** の質問に対して〉はい，そうでしょう。

Yes,（　she is ／ she will　）.

> **2** will と be going to は同時には使わないよ。

STEP 2 次の日本文に合うように，（　　）内の語句を並べかえなさい。

1 彼らは自分たちの車を洗う予定はありません。

（ are ／ going ／ not ／ they ／ to ／ wash ）their car.

_____ their car.

2 生徒たちは明日，奈良を訪れる予定です。

（ are ／ going ／ the students ／ to ／ visit ）Nara tomorrow.

_____ Nara tomorrow.

3 ショウは彼の友達を彼の家に招待する予定です。

（ his friends ／ invite ／ going ／ is ／ Sho ／ to ）to his house.

_____ to his house.

STEP 3 次の日本文を英語に直しなさい。

1 私は私の部屋を掃除する予定です。

I am _____.

2 私はこのテーブルを買う予定はありません。

I'm _____.

3 あなたは何をつくる（make）つもりですか。

What are _____?

4 〈**3** の質問に対して〉私はケーキ（a cake）をつくるつもりです。

_____

> **3** 疑問詞 what で始まる疑問文も，そのあとは〈be 動詞＋主語＋going to ～〉というふつうの疑問文の語順が続くよ。

条件や理由をつけたしたいときはどうするの？

You will need your passport when you go abroad.

音声を
聞こう

21

海外に行くときはパスポートが必要です。

中1の疑問文のところで when は習ったよね。「いつ？」って時をたずねる疑問詞だけど覚えてるかな？
今回出てくる when は，形は同じだけど「接続詞」といって，文と文をつなぐ役割があるんだ。「～するとき」という意味で使われるよ。

例文の when you go abroad のところが「あなたが海外に行くとき」って意味になるんだ。未来のことなのに現在形を使うのが注意ポイントだね。

Good! ちなみに例文は when ～が文の後半にきてるけど，文の前半にも置けるんだ。
when を前に置くときは，つないだ文の間にコンマ(,)を入れることを忘れないようにね。

I was sleeping when **you called me.**

When **you called me, I was sleeping.**
（あなたが電話してきたとき，私は眠っていました）

上下の文の意味は同じだよ。when ～を前に置くときは，文の切れ目にコンマを置いてね。

文と文をつなぐことばはほかにもありますよね。if(もし)とか because(なぜなら)とか。

そう，どれも使い方は when といっしょで，文の前に置いたり後ろに置いたりできるし，それによって意味も変わらないんだ。最後によく使う接続詞の例文を挙げておくよ。

If **it is fine tomorrow, I will wash the car.**
（もし明日晴れていたら，私は車を洗います）

I want to eat something because **I'm hungry.**
（私はお腹がすいているので，何か食べたいです）

Go home before **it gets dark.**
（暗くなる前に，家に帰りなさい）

After **I finish lunch, I will go shopping.**
（私は昼食を終えたら，買い物に行きます）

STEP 1

次の文の（　　）内の正しいほうを選び，○で囲みなさい。

1　あなたはひまなとき，ふつうは何をしますか。

What do you usually do （　because / when　） you are free?

2　のどがかわいたと感じる前に水を飲みなさい。

Drink water （　before / after　） you feel thirsty.

3　私は病気だったので，昨日は学校に行きませんでした。

I didn't go to school yesterday （　because / if　） I was sick.

STEP 2

次の日本文に合うように，（　　）内の語句を並べかえなさい。

1　彼は寝る前に音楽を聞きます。

He listens to music （ bed / before / goes / he / to ）.

He listens to music _____.

2 if のあとは，未来のことでも現在形を使うんだ。

2　もし暑かったら，エアコンをつけなさい。

Turn on the air conditioner （ feel / hot / if / you ）.

Turn on the air conditioner _____.

3　その少年たちは，サッカーをしたあとシャワーを浴びました。

The boys took a shower （ they / after / soccer / played ）.

The boys took a shower _____.

STEP 3

次の日本文を英語に直しなさい。

1　彼女は親切なので，私は彼女が好きです。

I like her _____.

4 コンマ(,)をつけるのを忘れずに。

2　もしあなたが助けが必要だったら (need help)，私に電話してください。

Please call me _____.

3　ぼくは宿題 (my homework) を終えたあとで，ゲームをします。

I play games _____.

4　彼は子ども (a child) のとき，野菜 (vegetables) を食べませんでした。

When _____.

英語の Tips ❻

will と be going to のちがい

SUBARU

■ will と be going to のニュアンスのちがい

will　　　　：その場で決めた未来 / 主観的 / 単なる推測

be going to：すでに決めている未来 / 客観的 / 起こる確率が高い

未来表現のところ（74ページ）で will と be going to のちがいにふれたけど，ここでは日常生活を想定しながら，クイズ形式で覚えてみよう！

コハルさん，それぞれの場面で will と be going to のどちらを使うか，選んでみて。

❶「来週東京に引っ越す予定なんだ」
　（　　will　/　be going to　　）
❷「エアコンつけるね」←「この部屋暑いね」と言われてエアコンをつけるとき
　（　　will　/　be going to　　）
❸「たぶん 7 時までには帰宅するよ」
　（　　will　/　be going to　　）

❶は，予定が決まってるから be going to
❷は，その場で決めたから will
❸は，「たぶん」って言ってるから will なのかな？

正解！ 理由もバッチリだね。will や be going to は，下のようなイメージをもっておくといいよ。

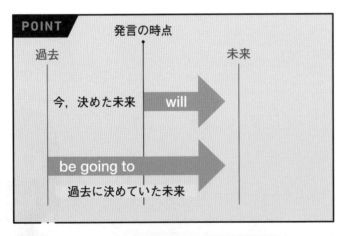

POINT

発言の時点

過去　　　　　　　　　　　　　　未来

今，決めた未来　　will

be going to

過去に決めていた未来

発言の時点で決めているかどうかが基準だよ！

大事なのは話す前に決めているかどうかなんだね。ぼくはいつも適当だから，will ばっかり使いそう。

将来の夢もふくめて，ちゃんと be going to を使って自分の意志を表現できる人になりたいな。

ゲームやスマホの誘惑に勝つには？

ショウ

> すばる先生，家で勉強をしていると，ついついゲームをしたり，スマホを見たりしちゃう。どうしたら，誘惑に勝てるかな？

すばる先生

> ショウくん，ゲームをやりたい，スマホを見たいという気持ちがあって，「だけどやめといたほうがいいよな」と思って我慢するのは，意外とエネルギーを使うんだ。だんだん疲れてしまうよ。

> わかる気がする！ 我慢しているだけで疲れちゃうなんて，なんか損だね。

> だから，勉強中はゲームもスマホも家族に預けるなどして，どこにあるかわからない，すぐに手を出せない状態にしてもらおう。

> 勉強のほかに，ゲームやスマホという選択肢があるから迷いが生じる。それなら，勉強以外の選択肢をなくしてしまえば，我慢することにエネルギーを使わなくてよくなるよ。

COMMENTS

いっせー先生

> ぼくの場合は，外で勉強するのもアリだな。自習室とか，カフェとかで勉強するのもいい。ショウくんは，あんまり外で勉強したことがないかもしれないけれど，自分の部屋以外でも勉強する訓練をしてみよう！

まとめ の テスト

得点

/100

解答解説 ▶▶ 別冊 13〜14 ページ

① 次の日本文に合うように，＿＿＿＿ に適する語を書きなさい。　　4点×5（20点）

(1) 私は今日，レッスンを楽しみました。

I ＿＿＿＿＿ the lesson today.

(2) 彼女（かのじょ）は昨日，学校に行きませんでした。

She ＿＿＿＿＿ ＿＿＿＿＿ to school yesterday.

(3) あなたは先週，忙（いそが）しかったのですか。 ― いいえ，忙しくありませんでした。

＿＿＿＿＿ you busy last week? ― No, I ＿＿＿＿＿.

(4) 私はこのＴシャツを買うつもりです。

I ＿＿＿＿＿ buy this T-shirt.

(5) 私は京都に行く予定です。

I'm ＿＿＿＿＿ to go to Kyoto.

② 次の英文を日本語に直しなさい。　　7点×4（28点）

(1) We didn't have time for lunch.

(　　　　　　　　　　　　　　　　　　　　　　　　　　　　　　　　)

(2) What time did you get up this morning?

(　　　　　　　　　　　　　　　　　　　　　　　　　　　　　　　　)

(3) They were playing soccer then.

(　　　　　　　　　　　　　　　　　　　　　　　　　　　　　　　　)

(4) Is Ken going to travel next week?

(　　　　　　　　　　　　　　　　　　　　　　　　　　　　　　　　)

ワンポイント
アドバイス

① (4)は今，決めたことを表しており，(5)は前もって決めていたことを表している。

② (2) What time 〜? で「何時に〜」を表す。this morning は「今朝」。
(3)過去進行形の文。then は「そのとき」。

3 次の日本文に合うように，（　　）内の語句を並べかえなさい。 5点×4 (20点)

(1) 私たちはいっしょに住んでいませんでした。

（ did / live / not / together / we ）.

_____.

(2) あなたは昨晩，よく寝ましたか。

（ you / well / did / last night / sleep ）?

_____?

(3) 彼らは来月，忙しくないでしょう。

（ they / busy / next month / won't / be ）.

_____.

(4) 私の誕生日パーティーに来てくれますか。

（ come / my / birthday party / to / will / you ）?

_____?

4 次のような状況のとき，英語で何というか，書きなさい。 8点×4 (32点)

(1) 相手に「どうやって英語を勉強したか」をたずねたいとき

_____

(2) 自分が「2週間前に大阪に行った」と伝えたいとき

_____

(3) 相手に「あとで電話するよ」と伝えたいとき

_____

(4) 相手に「昨晩何をしていたか」をたずねたいとき

_____

- -

3 (1)「いっしょに」を表す together は動詞のあとに置く。
　 (2) この「寝る」は「眠る」という意味。
4 (3)「あなたに電話する」は call you で表す。「あとで」は later。

Q&A 08 平日の帰宅後の時間を有効に使うには？

ショウ

> すばる先生，平日の帰宅後，ちょっとぼんやりしていると，あっという間に時間が経ってしまう。どうしたらもっと時間を有効に使えるかな？

すばる先生

> ショウくん，帰宅後に何を勉強するかが決まっていないと，ついだらだらしたくなっちゃうよ。
> だから前日の夜に，明日帰ったら何の勉強をするかを決めておくといいよ。

> へえ，前日に決めるのか。
> どんな内容にしようかな。

> いきなり 1 時間以上勉強しようと思うとつらいし，なかなか始められなくなるので，30 分から 1 時間程度で終わりそうな内容にしておこう。

> そっか。たしかにそれなら
> 始めやすいね！

COMMENTS

でんがん先生

> ぼくも学生時代，部活をバリバリにやっていたから，ショウくんの気持ち，わかるなぁ。でもやっぱり，ノープランだとただ寝(ね)るだけになっちゃってた気がするから，疲(つか)れていてもやれるようなことをやるのがいいと思うよ。

3章 助動詞・比較・不定詞と動名詞

「時制」の学習が一通り終わったので，この章では動詞に意味を追加する「助動詞」，何かと何かを比べる「比較」，複数の品詞の役割をもつ「不定詞」を学んでいくよ。これらは日常生活でもテストでもよく使うから，例文といっしょにそれぞれの役割もつかんでいこう！

SUBARU

未来の表現で習った will も助動詞なんだよね！英語って，いろんなつながりが見えると楽しくなるね。

受験勉強を始めて思うのが，不定詞の３つの用法でよくまちがえることなんだよね。もう一度基本から見直してみよっと。

レッスン 22〜33 の音声をまとめて聞けます。

22

2年　助動詞（can）

助動詞 can ってどう使うの？

音声を
聞こう

22

I can play shogi.

ぼくは将棋ができます。

 え，すばる先生って将棋できるの？

 実はけっこう得意なんだよね。こう見えても，将棋部出身なんだ。君たちは何が得意かな？　ミウさん，What can you do?（君は何ができる？）

 I can play the piano.（ピアノがひけます）

 Great! can は「～できる」っていう意味で，すごくよく使うよね。基本の形は〈主語＋can＋動詞の原形～.〉だけど，否定文や疑問文の形で使うことも多いんだ。

He can play the guitar.
（彼_{かれ}はギターをひけます）

He cannot[can't] play the guitar.
（彼はギターをひけません）

Can he play the guitar?
（彼はギターをひけますか）

— Yes, he can. / No, he cannot[can't].
（はい，ひけます / いいえ，ひけません）

POINT
【ふつうの文】
〈主語＋can＋動詞の原形～.〉
【否定文】
動詞の前に cannot[can't] を置いて，動詞を原形にする。
【疑問文】
文頭に Can を置いて動詞を原形にし，文末に「?」をつける。

 これってちょっと前にやった未来の will の文と，否定文や疑問文のつくり方が同じじゃない？

 よく気づいたね！ 1つ気をつけたいのが，can の否定は can not と分けずに cannot と1語にするところだよ。もちろん短縮形の can't を使っても OK。

 can って「～できる」以外の意味もあったよね。

 Good point! can には【能力】や【可能】の意味のほかに，Can I enter your garden?（庭に入っていい？）のような【許可】の意味，Can you open the window?（窓を開けてくれる？）のような【依頼_{いらい}】の意味などがあるよ。

✏️ 練習問題

STEP 1 次の文の( )内の正しいほうを選び，◯で囲みなさい。

3 can の文では動詞は原形になるよ。

1 私を手伝ってくれますか。

(Can I / Can you) help me?

2 ここで自転車に乗ってはいけません。

You (can / cannot) ride a bike here.

3 彼女は音楽なしには眠れません。

She (can't sleep / can't sleeps) without music.

STEP 2 次の日本文に合うように，( )内の語句を並べかえなさい。

1 あなたはその話を信じられますか。

(believe / can / the / story / you)?

_____?

2 私たちは次の試合は負けられません。

(next game / lose / can't / the / we).

_____.

3 あなたの消しゴムを使ってもいいですか。

(can / eraser / I / use / your)?

_____?

STEP 3 次の日本文を英語に直しなさい。

1 コハルはバスケットボールができます。

_____

2 (あなたは)帰宅して(go home)いいですよ。

_____

2 「～してもいい」と許可をあたえる用法だよ。

3 あなたはその星(the star)が見えますか。

_____

4 私はあなたの質問が理解できません。

_____

 2年 助動詞（may/must など）

can 以外の助動詞って何がある？

 HINT

 音声を聞こう

I must go to Hollywood!

私はハリウッドに行かなければならない！

 23

 また出た，「謎の人」！ ハリウッドといえば映画だよねぇ。映画関係の人なのかな。

 そうかもしれないね。must はかなり強いことばで，「義務」の意味で使われることが多いかな。助動詞はこんなふうに，動詞だけでは表せない話し手の気持ちとかをつけたすものなんだ。いろいろな助動詞の例文を見てみようか。

You must do your homework. 【義務】
（あなたは宿題をしなければなりません）

You must not eat too much. 【禁止】
（食べ過ぎてはいけません）

You may use your dictionary.
（辞書を使ってもいいですよ）

You may not take pictures.
（写真を撮ってはいけません） 【許可】

May I stay here?
（ここにいてもいいですか）

He may like me. 【推量】
（彼は私を好きかもしれない）

He should see the doctor. 【助言】
（彼は医者に行くべきです）

Shall I call you tonight? 【申し出】
（今晩あなたに電話しましょうか）

Shall we go to the library? 【提案】
（（いっしょに）図書館へ行きましょうか）

 must は「やらなきゃだめ」「やっちゃだめ」って気持ちがすごく強いね。

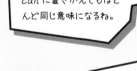 許可を表す may は，can に置きかえてもほとんど同じ意味になるね。

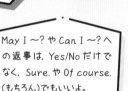 May I ～? や Can I ～? への返事は，Yes/No だけでなく，Sure. や Of course.（もちろん）でもいいよ。

 Shall we ～? は Let's ～. とほぼ同じ意味なのね。

 動詞の前に置いて動詞を原形にするっていうのは，今まで見た助動詞といっしょだね。でも 1 つのことばでもいろんな意味があって，覚えるのがちょっと大変そう…。

 どれも会話でよく使う表現だから，なるべく発音しながら覚えられるといいね。

✎ 練習問題

STEP 1 次の文の（　）内の正しいほうを選び，○で囲みなさい。

② 助動詞のあとに not をつけると，否定の意味になるよ。

① そのいすにすわってもいいですよ。

You （　may / must　） sit on the chair.

② 私たちはここで日本語を話してはいけません。

We （　not must / must not　） speak Japanese here.

③ お名前をうかがってもいいですか。

（　Should I / May I　） have your name, please?

STEP 2 次の日本文に合うように，（　）内の語句を並べかえなさい。

① コンピュータを使ってはいけません。

（ a computer / not / you / use / may ）.

_____.

② 「何」を表す疑問詞は，疑問文の最初に置くよ。

② 私は何をすべきですか。

（ I / should / what / do ）?

_____?

③ 明日は雨が降るかもしれません。

（ may / rain / tomorrow / it ）.

_____.

STEP 3 次の日本文を英語に直しなさい。

① あなたはもう(now)寝なければ(go to bed)いけません。

_____ now.

② 彼はペットを飼う(have a pet)べきではありません。

③ と ④ は同じ助動詞を使うよ。

_____

③ 私があなたのかばんを運びましょうか(carry)。

_____

④ 放課後，数学を勉強しましょうか。

_____ after school?

助動詞

「〜はいかがですか」ってどう言うの？

音声を
聞こう

24

Would you like some cookies?

クッキーはいかがですか。

 わぁ，コハルさん，クッキーいただきまーす！ ところで Would you like 〜? って Do you like 〜? と似てるけど，意味ちがうんだ。人に何かをすすめるときに使うのかな？

 You're right! 実は would は will の過去形なんだけど，ここでは〈Would you like ＋ 名詞 ?〉で「〜はいかがですか」っていう決まり文句として覚えるのがいいよ。

 ものをすすめるんじゃなくて「〜するのはいかがですか」っていうときは，〈Would you like to ＋ 動詞の原形 〜 ?〉で表せるんですよね。

 そう。どちらも相手にていねいにたずねる言い方だよ。頭に What をつけて What would you like (to) 〜 ? とていねいにたずねることもできるんだ。

Would you like some water?　【勧誘・提案】

（お水はいかがですか）

— Yes, please. / No, thank you.

（はい，いただきます／いいえ，けっこうです）

What would you like ?

（何になさいますか）

— I would[I'd] like orange juice.

（オレンジジュースをいただきます）

- -

Would you like to buy this chair?　【勧誘・提案】

（このいすを購入されますか[＝購入したいですか]）

What would you like to buy?

（何を購入されますか）

I would[I'd] like to buy this chair.

（このいすを購入したいと思います）

Would you like (to) 〜? は Do you want (to) 〜? のていねいな言い方とも言えるね。

I would like 〜. で答えるときは I'd like 〜. と短縮できるんだね。

 もう１つ形が似たものに Could you 〜?（〜してくださいませんか）っていう表現もあるよ。could は can の過去形なんだけど，これもていねいな【依頼】の決まり文句として覚えておこう。

STEP 1 次の文の（　　）内の正しいほうを選び，○で囲みなさい。

〈would like＋名詞〉
〈would like to＋
動詞の原形〉だったね。

1 パンをいただきます。

I （　would like ／ would like to　） some bread.

2 私たちといっしょに行きませんか。

（　Would you like ／ Would you like to　） come with us?

3 自己紹介したいと思います。

（　I'd ／ I'd like　） to introduce myself.

STEP 2 次の日本文に合うように，（　　）内の語句を並べかえなさい。

1 紅茶を 1 杯いかがですか。

（ a cup of ／ like ／ tea ／ would ／ you ）?

_____?

2 「何を食べたいですか」のていねいな表現だよ。

2 あなたは何を召し上がりますか。

（ eat ／ you ／ would ／ to ／ what ／ like ）?

_____?

3 （それを）もう一度言っていただけますか。

（ that ／ you ／ say ／ could ／ again ）?

_____?

STEP 3 次の日本文を英語に直しなさい。（1〜3 は would，4 は could を使って）

1 ミルク (some milk) はいかがですか。

_____

1 3 「〜はいかがですか」は「あなたは〜が欲しいですか[したいですか]」と考えよう。

2 私はあなたをお手伝いしたいと思っています。

_____

3 映画に行く (go to the movies) のはいかがですか。

_____

4 明日，腕時計 (your watch) を持ってきていただけますか。

_____ tomorrow?

have to って何者 !?

You have to hurry.

急がなきゃいけないね。

25

 あれ？ ショウくん，今日は医者に行くからはやく帰らなきゃいけないんじゃなかった？ You have to hurry!（急がなければいけないね）

 やばい！ ところで先生，have to って何？「急がなきゃいけない」だったら You must hurry. でいいんじゃないの？

 Good point! must と have to はどちらも「〜しなければならない」っていう同じ意味で使われるから，どっちを使ってもいいよ。でも have to は動詞だから，主語に合わせて形を変える必要があるんだよね。

 えー，それなら全部 must でいいよ。

 残念だけど，そうもいかないんだ。実は must と have to は，否定文にしたときにちがう意味になるんだよ。並べて比較してみるね。

He must hurry. 【肯定文】
（彼は急がなければいけません）

He must not hurry. 【否定文】
（彼は急いではいけません）

Must he hurry? 【疑問文】
（彼は急がなければいけませんか）

- -

He has to hurry. 【肯定文】
（彼は急がなければいけません）

He doesn't have to hurry. 【否定文】
（彼は急ぐ必要はありません）

Does he have to hurry? 【疑問文】
（彼は急がなければいけませんか[＝急ぐ必要がありますか]）

---

must のほうが have to よりも強制の意味合いが強いんだ。

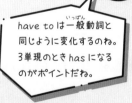 have to は一般動詞と同じように変化するのね。3単現のとき has になるのがポイントだね。

 基本の形は〈主語＋have[has] to＋動詞の原形〉で「〜しなければならない」。否定文は〈主語＋don't[doesn't] have to＋動詞の原形〉で「〜する必要はない」ってことね。3人称単数も意識しないとね。

✐ 練習問題

STEP 1 次の文の( )内の正しいほうを選び，○で囲みなさい。

1 私は夕食前に宿題を終わらせなくてはなりません。

I (has / have) to finish my homework before dinner.

2 彼女_{かのじょ}はその質問に答えなければなりませんか。

Does she (has / have) to answer the question?

3 彼は私のことを心配する必要はありません。

He (doesn't / don't) have to worry about me.

STEP 2 次の日本文に合うように，( )内の語句を並べかえなさい。

1 私たちは次のバスを待たなければいけません。

(have / wait / we / to / for) the next bus.

_____ the next bus.

2 私はそのチケットを買わなくてはいけませんか。

(the ticket / I / buy / have / do / to)?

_____?

3 私は日曜日には早起きする必要はありません。

(have / I / to / up / early / get / don't) on Sundays.

_____ on Sundays.

> 3 「早起きする」は *get up early* で表すよ。

STEP 3 次の日本文を英語に直しなさい。（have to を使って）

1 あなたは自分の部屋を掃除_{そうじ}しなければいけません。

_____

2 あなたは自分の教科書(textbooks)を持ってくる必要はありません。

_____

3 彼はその車を洗わなくてはいけませんか。

_____

4 私は明日，試験(an exam)を受けなければいけません。

_____

> 1 2 の「自分の」は「あなたの」を意味するよ。

PART 8

助動詞

CHAPTER 3

「同じくらい〜」ってどう書くの？

Miu is as tall as Sho.

音声を聞こう

26

ミウはショウと同じくらい背が高いんだね。

ミウとショウって，背の高さが変わらないんだね。

気にしてるんだから，言わないで〜。実はこの前の日曜日，ショウと洋服を買いに行ったんだけど，ちょうど同じサイズだったの〜。

英語で「身長が同じ」っていうときは，「同じくらい背が高い」って表現するんだよ。さっそく英語で何かを比較して，「同じくらい〜」っていう文のつくり方を見ていこう。基本の形は〈as＋形容詞[副詞]＋as〉だよ。

My smartphone is　　old. 【もとの文（形容詞）】
（私のスマートフォンは古いです）

My smartphone is as old as yours. 【比較】
（私のスマートフォンはあなたのと同じくらい古いです）

- -

Miu sings　　well. 【もとの文（副詞）】
（ミウは上手に歌います）

Miu sings as well as Subaru. 【比較】
（ミウはすばる先生と同じくらい上手に歌います）

形容詞や副詞を2つの as ではさんで，そのあとに比べる対象を置くんだね。

なんか，私が歌がうまいみたいな例文になってるけど，すばる先生ほどじゃないよ。先生，実は合唱部出身だって聞いたよ〜。

バレてたか。もし「…ほど〜ではない」って言いたいときは，not を入れて否定文にするんだ。not の入れ方は，今までに習った否定文といっしょだよ。

My smartphone is [not] as old as yours. 【形容詞】
（私のスマートフォンはあなたのほど古くありません）

Miu [doesn't] sing as well as Subaru. 【副詞】
（ミウはすばる先生ほど上手に歌いません）

---

be 動詞のあとに not を入れるか，一般動詞の前に don't[doesn't] を入れるよ。

自信ありそうですね，すばる先生。今度みんなでカラオケに行って，歌聞かせてね〜。

✏ 練習問題 ┃ 解答解説 ▶▶ 別冊 16 ページ

STEP 1 次の文の( )内の正しいほうを選び，◯で囲みなさい。

① 私の兄はすばる先生と同い年です。

My brother is as (same / old) as Subaru.

② 大阪は東京ほど大きくありません。

Osaka is (as not / not as) big as Tokyo.

③ 母は父ほどはやく寝ません。

My mother doesn't go to bed (as early / early) as my father.

STEP 2 次の日本文に合うように，( )内の語句を並べかえなさい。

① 私の自転車はあなたのほど高価ではありません。

My bike (as / not / as / expensive / is) yours.

My bike ＿＿＿＿＿＿＿＿＿＿＿＿＿＿＿＿＿＿＿ yours.

② 彼女は父親と同じくらいゆっくり歩きました。

(her father / she / as / slowly / walked / as).

＿＿＿＿＿＿＿＿＿＿＿＿＿＿＿＿＿＿＿＿＿＿＿ .

③ ミウは彼女のお姉さんと同じくらい上手にピアノがひけます。

(the piano / can / well / Miu / as / play / as) her sister.

＿＿＿＿＿＿＿＿＿＿＿＿＿＿＿＿＿ her sister.

> ③ Miu can play the piano well.（ミウは上手にピアノがひけます）という文から考えてみよう。

STEP 3 次の日本文を英語に直しなさい。

① 私はあなたと同じくらいはやく泳げます。

＿＿＿＿＿＿＿＿＿＿＿＿＿＿＿＿＿＿＿＿＿

② 彼はあなたほど忙しくありません。

＿＿＿＿＿＿＿＿＿＿＿＿＿＿＿＿＿＿＿＿＿

③ 私たちはあなたほど一生懸命に (hard) 勉強しません。

＿＿＿＿＿＿＿＿＿＿＿＿＿＿＿＿＿＿＿＿＿

④ このTシャツはあちらのもの (that one) と同じくらいかわいい (cute) です。

＿＿＿＿＿＿＿＿＿＿＿＿＿＿＿＿＿＿＿＿＿

> ④ 比較の文では this one（こちらのもの）や that one（あちらのもの）という表現をよく使うよ。

「～より」って比べるときはどう書くの？

音声を聞こう

I am older than Sho.

私はショウより年上です。

27

 ミウって，ショウといっしょに買い物に行ったりして，ほんと仲いいよね。

 そりゃまあ，幼なじみだし。いっしょにいて楽だし。でも私，ショウより年上なんだよねー。

 「…より年上」っていうのも，比較のいい例だね。今回は2つを比べて「…より～」っていう「比較級」の表現を勉強するよ。まずは2つの形（①と②）を見てみよう。

【形容詞】

①**Miu is taller than Koharu.**

（ミウはコハルより背が高いです）

②**This movie is more interesting than that one.**

（この映画はあちらのものよりおもしろいです）

【副詞】

①**Sho runs faster than Miu.**

（ショウはミウよりはやく走ります）

②**I give up more easily than you.**

（私はあなたより簡単にあきらめます）

POINT

【比較級①（-er型）】

〈形容詞[副詞]-er ＋than〉

【比較級②（more型）】

〈more＋形容詞[副詞] ＋than〉

形容詞[副詞]が長いときは，前にmoreをつけるんだ。

 比較の基本は①の〈形容詞[副詞]-er＋than〉なんだけど，interesting や easily のように長い単語の場合，②の〈more＋形容詞[副詞]＋than〉の形になるんだ。

 同じ比較級なのに，形がちがうなんて覚えるの大変だなー。

 ①の er のつけ方にはいくつかのパターンがあるんだ。代表的なものを紹介しておくね。

語の終わりにそのまま er をつける	strong → stronger ／ hard → harder など
e で終わる語の終わりに r をつける	large → larger ／ late → later など
語の終わりの y を i に変えて er をつける	busy → busier ／ early → earlier など
語の終わりの子音字を重ねて er をつける	big → bigger ／ hot → hotter など

good と well は例外で，どちらも比較級が better になるよ。

STEP 1 次の文の( )内の正しいほうを選び，○で囲みなさい。

① 中国は日本より大きいです。

China is (larger / more large) than Japan.

② ショウは彼(かれ)の妹よりもおそく起きます。

Sho gets up (later than / than later) his sister.

③ 私の学校ではバドミントンはテニスより人気があります。

Badminton is (popular / more popular) than tennis in my school.

STEP 2 次の日本文に合うように，( )内の語句を並べかえなさい。

① 彼女(かのじょ)はあなたよりも注意深く運転します。

She (you / drives / carefully / more / than).

She _____.

② 私はすばる先生よりもはやくつきました。

(Subaru / arrived / I / than / earlier).

_____.

③ この写真はあちらのよりも美しいです。

This picture (that one / is / beautiful / than / more).

This picture _____.

③「あちらの(もの)」は that one で表すよ。

STEP 3 次の日本文を英語に直しなさい。

① 私(わたし)の髪(かみ)はあなたのより長いです。

_____

② 理科(science)は数学より簡単です。

_____

③ 幸福(happiness)はお金より大切です。

_____

④ 私はほかの生徒たち(the other students)よりもゆっくり(slowly)歩きました。

_____

④ slowly の比較級は more slowly だよ。

2年 比較（最上級）

「いちばん〜」ってどう書くの？

I am the youngest of the three.

音声を聞こう

28

ぼくは3人の中でいちばん年下です。

 前回は2つを比べる表現だったけど，今回は「…の中でいちばん〜」という表現を勉強するよ。これを「最上級」っていうんだ。これにも2つの形（①と②）があるよ。

【形容詞】

①**Sho is the youngest of the three.**

（ショウは3人の中でいちばん年下です）

②**Mt. Fuji is the most famous mountain in Japan.**

（富士山は日本でいちばん有名な山です）

【副詞】

①**Sho runs (the) fastest in his class.**

（ショウは彼のクラスの中でいちばんはやく走ります）

②**She speaks (the) most slowly of all.**

（彼女はみんなの中でいちばんゆっくり話します）

POINT

【最上級①】
〈the＋形容詞［副詞］-est〉

【最上級②】
〈the most＋形容詞［副詞］〉

good と well は例外で，最上級が best になるよ。

 これも①の〈the＋形容詞［副詞］-est〉が基本の形で，長い単語のときに②の〈the most＋形容詞［副詞］〉になるのね。比較級をマスターしていれば，最上級は難しくないね。

 じゃあ「比較級」と「最上級」を，old という同じ単語で比べてみよう。

Koharu is older than Miu.　　　【比較級】

（コハルはミウより年上です）

Koharu is the oldest of the three.　　【最上級】

（コハルは3人の中でいちばん年上です）

Koharu is the oldest in this class.

（コハルはこのクラスでいちばん年上です）

old−older（比較級）−oldest（最上級）と変化するよ。
-est のつけ方は，比較級の-er のつけ方と同じだよ。

 最上級のあとの of と in はどうやって使い分けるの？

 「3人の中で」のように複数を表す数字などの前には of，「この国で」のように場所や範囲を表す語句の前には in を置くんだ。次のページの練習問題を解きながら確認してみよう。

STEP 1 次の文の（　　）内の正しいほうを選び，○で囲みなさい。

1 このネコは全部の中でいちばんかわいいです。

This cat is the （　cutest ／ most cute　）of all.

2 あなたのクラスでだれがいちばんはやく食べられますか。

Who can eat （　the faster ／ the fastest　）in your class?

3 それはこの市でいちばん危険な場所です。

It is the （　dangerous ／ most dangerous　）place in this city.

STEP 2 次の日本文に合うように，（　　）内の語句を並べかえなさい。

1 あなたは私たちのチームでいちばん強いです。

（ the ／ are ／ in ／ strongest ／ you ）our team.

_____ our team.

2 最上級のあとに in や of がつかないこともあるよ。

2 英語は私にとっていちばん難しい教科です。

（ most ／ is ／ subject ／ English ／ the ／ difficult ）for me.

_____ for me.

3 これはこの国でいちばん人気のある映画です。

（ popular ／ this ／ the ／ most ／ is ／ movie ）in this country.

_____ in this country.

STEP 3 次の日本文を英語に直しなさい。

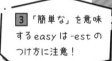

3 「簡単な」を意味する easy は -est のつけ方に注意！

1 これは日本で（in Japan）いちばん古いお寺（temple）です。

_____

2 彼は彼の学校でいちばん有名（famous）です。

_____

3 国語のテスト（the Japanese test）は 5 つの中でいちばん簡単でした。

_____

4 私の母は私の家族の中でいちばんゆっくり（slowly）運転します。

_____

英語の Tips ❼

比較級の言いかえパターン

■比較級の言いかえ表現

Sho is taller than Koharu. （ショウはコハルより背が高いです）

＝**Koharu is not as tall as Sho.** （コハルはショウほど背が高くありません）

比較表現を習ったところで，言いかえにチャレンジしてみよう！
比較級の文は，as を使ったほぼ同じ意味の文に言いかえることができるんだ。

上の文は，「A は B より〜だ」の比較級の文を，「B は A ほど〜ではない」っていう文に
言いかえてますね。たしかに同じ意味になってる！

as 〜 as … は「…と同じくらい〜」の意味だから，否定の not を入れたらただ「同じで
はない」っていう意味になると思ってた。
でも，not as 〜 as … は「…ほど〜ではない」が正解なんだね。

Good point! 単に「同じではない」だったら，
❶ コハルの身長＜ショウの身長　　❷ コハルの身長＞ショウの身長
の両方が考えられるけど，Koharu is not as tall as Sho. は，❶の意味になるんだ。

> **POINT**
>
> 〈A is ＋形容詞の比較級＋ than B.〉 は，
>
> 〈B is not as ＋形容詞＋ as A.〉 で言いかえられる

先生！ 私，もう 1 つ言いかえパターンが見つけられたかも。これって合ってるかな？
Koharu is shorter than Sho. （コハルはショウより背が低いです）

いいね！ tall と反対の意味の short(背が低い)を使っても，言いかえられるね。

やっぱり，ミウって頭いいよね。I am not as smart as Miu. （ぼくはミウほど頭がよく
ありません）

それを言いかえるなら，I am smarter than Sho. （私はショウより頭がいいです）だねー。
あはは！

…ほんと，2 人ってお似合いだわ。

成績を上げるために大切なことって何？

コハル

すばる先生，今までいろいろな勉強法を試してみたんだけど，結局，何がいいのかよくわかんない。

すばる先生

評判のよい勉強法をいくら集めても，ある程度やってみないと効果はわからない。なのに，少しやっただけで「成績が上がらない」と言って，まったくちがう方法を試し出す人もいる。

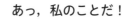

あっ，私のことだ！

コハルさんがそうなんだね。
だったら，これから変われば大丈夫だよ！
本当に大切なのは，「何が問題なのか，なぜ成績が上がらないのか」を自分でよく考えること。
ちゃんと考えて試行錯誤していくうちに，だんだんやるべきことが見えてくるよ。

勉強する前に，勉強法探しに時間を取られすぎないでね。
まずはこの問題集をとことんやってみよう！

わかった！ そうするね。

COMMENTS

くめはら先生

「なぜ？」と考える習慣は，高校生，いや大学生や大人になってからも，とても大事だよ。中学生のうちに「なぜ？」を習慣にしておくと，周りの友達にすごく差をつけられるはず！

「～すること」ってどう書くの？

He likes to ride trains.

音声を聞こう

彼は電車に乗ることが好きです。

29

お，久しぶりの 🔑 マークだ。「謎の人を当てよう」バージョンの例文だね。なんか遊園地が好きとか電車が好きとか，ちょっと子どもっぽい人なんじゃないかなぁ。

うん，その推理はいい線いってるかも。さてここからは「不定詞」について勉強するよ。これは〈to＋動詞の原形〉のことで，「to 不定詞」とよばれることもあるよ。

今回の例文だと to ride のとこだね。

そう。ride は動詞だけど，ここでは「乗ること」っていう名詞の意味になってるよね。こんなふうに〈to＋動詞の原形〉は「～すること」っていう意味で「名詞」のはたらきをすることができるんだ。ほかにも例文をいくつか見てみよう。

I like to watch YouTube videos .
（私は YouTube 動画を見ることが好きです）
He wanted to buy a cap .
（彼はぼうしを買いたかったです）
To learn English is interesting.
（英語を学ぶことはおもしろいです）
My dream is to become a doctor .
（私の夢は医者になることです）

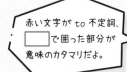
赤い文字が to 不定詞，□で囲った部分が意味のカタマリだよ。

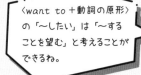
〈want to＋動詞の原形〉の「～したい」は「～することを望む」と考えることができるね。

四角で囲った部分をまとめて「～すること」って訳せばいいのね。

そう。たとえば1つ目の文なら，四角の中は「YouTube 動画を見ること」っていう意味になるね。

〈to＋動詞の原形〉の形だったら，いつでも「～すること」っていう意味になるの？

残念ながら，ちがうんだ。今回の「～すること」は不定詞の「名詞」の用法だね。それ以外に「副詞」と「形容詞」の用法があるから，次回以降に説明するね。

STEP 1 次の文の(　　)内の正しいほうを選び，○で囲みなさい。

1 またあなたに会いたいです。

I hope (　see / to see　) you again.

2 その問題に答えることは簡単でした。

To (　answer / answered　) the question was easy.

3 私たちの計画は，この夏イタリアを訪れることです。

Our plan (　is to visit / to visit　) Italy this summer.

2 過去の文でも，to のあとの動詞は過去形ではなく原形だよ。

STEP 2 次の日本文に合うように，(　　)内の語句を並べかえなさい。

1 彼の夢はオーストラリアに住むことです。

(is / his / to / live / dream) in Australia.

_____ in Australia.

2 あなたは買い物に行きたいですか。

(do / go / to / shopping / want / you)?

_____?

3 「たばこを吸うこと」を主語にした，be 動詞の否定文だよ。

3 たばこを吸うことはあなたの健康によくありません。

(not / smoke / good / to / is) for your health.

_____ for your health.

STEP 3 次の日本文を英語に直しなさい。(to 不定詞を使って)

1 私はこのゲームを買いたいです。

_____

2 私の趣味はケーキをつくる(make cakes)ことです。

_____

3 音楽を聞くことは楽しい(fun)です。

_____

4 コハルはバスケットボールをするのが好きです。

_____

4 3 単現の s をつけるのを忘れないでね。

「～するために」ってどう書くの？

You can use the Internet to get information.

音声を
聞こう

30

情報を得るためにインターネットが使えます。

 前回に続いて「不定詞」（to＋動詞の原形）をやるよ。今回は「副詞」のはたらきをする不定詞を見ていこう。

 副詞って，動詞を修飾することばじゃなかったっけ？ でも「動詞を修飾する」の意味がよくわからないかも。調べるためにネット見てもいい？

 たしかに副詞は名詞よりわかりにくい感じがするね。そんなときは，例文を見たほうがわかりやすいよ。

 例文で〈to＋動詞の原形〉の形になってるのは，to get だね。日本語では「得るために」の部分かな。

 Good!「副詞」のはたらきをする不定詞は「～するために」の意味で【目的】を表すんだ。上の例文では，to get information（情報を得るために）というカタマリが，use（使う）という動作の目的になっているよね。ほかの例文も見てみようか。

We work to get money .
（私たちはお金を得るために働きます）

She came to Japan to learn Japanese .
（彼女は日本語を学ぶために日本に来ました）

He studied hard to pass the exam .
（彼は試験に受かるために一生懸命勉強しました）

Why did you get up early?
（なぜあなたは早起きしたのですか）

— To make breakfast .
（朝食をつくるためです）

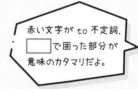
赤い文字が to 不定詞，
□で囲った部分が
意味のカタマリだよ。

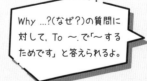
Why ...?（なぜ？）の質問に
対して，To ～. で「～する
ためです」と答えられるよ。

 最後の例文は I got up early to make breakfast. の前半が省略されたと考えられるよね。だとすると「～するために」を表す不定詞は，ふつう文の後半に置かれるってことだね。

 Excellent!「主語＋動詞」のあとに，目的を表す〈to＋動詞の原形〉が追加されていると考えるとわかりやすいね。

STEP 1 次の文の（　　）内の正しいほうを選び，○で囲みなさい。

① 彼はテレビを見るためにはやく帰宅しました。

He came home early （　watch / to watch　） TV.

② ショウは昼食を食べるためにベンチにすわりました。

Sho sat on the bench to （　have / had　） lunch.

③ 地球を救うために私たちは何ができるでしょうか。

What can we do （　to save / for save　） the Earth?

STEP 2 次の日本文に合うように，（　　）内の語句を並べかえなさい。

① あなたは試合に勝つために練習しなければなりません。

（ have to / to / you / win / practice ） the game.

_____ the game.

② 彼は宿題について聞くために彼の友達に電話しました。

He called his friend （ the / ask / to / homework / about ）.

He called his friend _____.

③ コハルはアップルパイをつくるためにいくつかのリンゴを買いました。

Koharu bought some apples （ apple pie / make / an / to ）.

Koharu bought some apples _____.

STEP 3 次の日本文を英語に直しなさい。

① 写真(pictures)を撮るためにあなたのスマートフォンを使いなさい。

Use your smartphone _____.

② 私はニュース(the news)を読むためにインターネットを使います。

I use the Internet _____.

③ 彼女は牛乳を買うためにコンビニエンスストアに行きました。

She went to the convenience store _____.

④ 私たちはあなたに会う(see)ためにここに来ました。

_____

「～するために」は〈to＋動詞の原形〉で表すよ。

「～するために」を表すto不定詞は文の後半にくるよ。

PART 10 不定詞と動名詞

CHAPTER 3

31 2年 不定詞（副詞的用法）②

「～してうれしい」ってどう書くの？

 I'm glad to hear that.

それを聞いてうれしいです。

31

 すばる先生～！ 学校の英語のテスト，自己ベスト出しちゃった～！

 Oh, I'm glad to hear that.（それを聞いてうれしいよ） 今回も不定詞の副詞的用法の続きだから，油断せずにがんばっていこう。

 え？「副詞」のはたらきをする不定詞は，前回もやったよね？

 実は「副詞」の用法には，大きく分けて2つあるんだ。1つ目が前回の「～するために」の意味で，【目的】を表す用法。2つ目が今回の「～して」の意味で，【感情の原因】を表す用法なんだ。まずは例文を見てみよう。

> **I'm sorry to hear that.**
> （私はそれを聞いて残念です［お気の毒に思います］）
> **They were happy to know the news.**
> （彼らはそのニュースを知ってうれしかったです）
> **We are excited to watch the movie.**
> （私たちはその映画を見てわくわくしています）

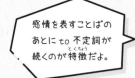 感情を表すことばのあとに to 不定詞が続くのが特徴だよ。

 なるほど。不定詞を使って「うれしい原因」や「わくわくした原因」をつけ加えるのね。

 そう！ 感情は〈be 動詞＋形容詞［過去分詞］〉の形で表して，その【原因】を to 不定詞（to＋動詞の原形）の形で後ろに置くんだ。感情を表すことばをいくつか挙げておくね。

> glad（うれしい），happy（うれしい），sad（悲しい），sorry（残念だ・気の毒だ），
> excited（わくわくして），surprised（驚いて）

 あ，すばる先生。そういえば，英語のテストは上がったんだけど，数学は下がっちゃいました。てへ。

 I'm sorry to hear that ...（それを聞いて残念だよ…）

STEP 1 次の文の（　　）内の正しいほうを選び，◯で囲みなさい。

③ 過去の文でも to のあとは動詞の原形だよ。

① 私はさようならを言うのが悲しいです。

I'm sad （　say / to say　） goodbye.

② 私はいい点をとってうれしかったです。

I was happy （　to get / get to　） a good score.

③ 彼はその結果を見て驚きました。

He was surprised （　to see / to saw　） the result.

STEP 2 次の日本文に合うように，（　　）内の語句を並べかえなさい。

① 私はあなたの問題について聞いて，気の毒に思います。

（ sorry / am / to / hear / I ） about your problem.

_____ about your problem.

② 私たちはあなたといっしょに働けてわくわくしています。

（ work / excited / we / to / are ） with you.

_____ with you.

③ 私はあなたから手紙を受け取ってうれしいです。

（ a letter / I'm / to / glad / receive ） from you.

_____ from you.

STEP 3 次の日本文を英語に直しなさい。

① 彼女はあの事実 (that fact) を知って驚きました。

She was surprised _____.

③ 「わくわくして」は excited だよ。exciting とまちがえないようにね。

② 私はあなたの友達になれて (become) うれしいです。

I'm happy _____.

③ 彼はチームに加入してわくわくしています。

_____ to join the team.

④ 私はそのニュースを聞いて悲しかったです。

_____

「〜するための」ってどう書くの？

You have a lot of homework to do today.

音声を聞こう

32

君たちは今日，するべき宿題がたくさんあります。

 いよいよ不定詞は，今回が最後。「形容詞」のはたらきをする不定詞を見ていくよ。復習だけど，不定詞ってなんだっけ，ショウくん？

 〈to＋動詞の原形〉のことだよね。別名「to 不定詞」！

 Great! その to 不定詞が，形容詞みたいに「名詞」や「代名詞」を修飾するのが今回の「形容詞的用法」だよ。さっそく例文を見てみよう。

I want something to drink**.**
（私は何か飲むものが欲しいです）

Is there anything to eat**?**
（何か食べるものはありますか）

There are many places to visit**.**
（訪れるべき場所がたくさんあります）

赤い文字が to 不定詞，☐で囲った部分が意味のカタマリだよ。

to 不定詞は名詞や代名詞の後ろに置くのね。

 -thing が多いのかな。あとは to 不定詞が名詞の後ろに続いてることがポイントだね。

 そう。「形容詞的用法」の to 不定詞は，名詞や代名詞を後ろから修飾するんだ。

 でも，日本語訳がバラバラで，ちょっと意味がわかりにくいかも。

 基本の意味は「〜するための」や「〜すべき」だよ。たとえば something to drink は，直訳すると「飲むための何か」になる。これを自然な日本語にすると「何か飲むもの」になるんだ。

 で，今回の例文の You have a lot of homework to do today. はつまり，今日ぼくたちに「やるべきたくさんの宿題がある」ってこと？

 Exactly!（そのとおり！）

STEP 1 次の文の（　　）内の正しいほうを選び，○で囲みなさい。

1 何か飲むものを私にください。

Give me （　something / something to　） drink.

2 あなたに聞くことがたくさんあります。

I have many things （　to ask / ask to　） you.

3 私は今日，何もすることがありません。

I have nothing （　to do / do　） today.

3 nothing は「何も〜ない」という意味だよ。

STEP 2 次の日本文に合うように，（　　）内の語句を並べかえなさい。

1 彼らには食べ物を買うお金がまったくありませんでした。

They had （ food / to / buy / no money ）.

They had _____.

2 あなたには準備するための時間がたくさんあります。

You have （ a lot of / prepare / to / time ）.

You have _____.

3 私には言うべきことは何もありません。

I don't （ anything / to / have / say ）.

I don't _____.

3 I have nothing 〜 と I don't have anything 〜 はほぼ同じ意味だよ。

STEP 3 次の日本文を英語に直しなさい。

1 私には勉強するための場所（a place）が必要です。

I need _____.

2 日本には訪れるべき場所がたくさんあります。

There are many _____ in Japan.

3 あなたは私たちといっしょにサッカーをする時間がありますか。

_____ with us?

4 私たちには勝つチャンス（a chance）があります。

_____

「〜するための」を表す to 不定詞は名詞のあとにつけるんだったね。

2年 動名詞

動詞に ing をたすと名詞になるの？

I like teaching students.

音声を
聞こう

33

ぼくは生徒を教えることが好きです。

さて質問です。この例文の動詞はどれでしょう？

えっと，like は「好き」って動詞だよね。その次の teaching も「教える」って動詞じゃないの？ ing はついてるけど。

おしい，半分正解！ like はたしかに動詞だけど，teaching には ing がついているよね。この動詞に ing がついた形は「動名詞」といって，「～すること」という意味で，名詞のはたらきをするんだ。

動名詞っていう名前はわかりやすいね。動詞が名詞のはたらきをするから，動名詞ってことだよね。ふつうは動詞のあとにくるって考えていいのかな？

文の中での位置は，主語として文の頭にもくるし，目的語や補語として文の後半にくることもあるよ。実際に例文を見てみよう。

Reading books is a lot of fun.　　　【主語】
（本を読むことはとても楽しいです）

I like playing esports.　　　【目的語】
（私は e スポーツをすることが好きです）

My hobby is watching foreign movies.【補語】
（私の趣味は外国映画を見ることです）

動名詞で始まる □ で囲った部分が，「名詞」のはたらきをしているね。

そういえば，「～すること」って〈to＋動詞の原形〉にも同じ意味がなかった？

Good point! 動名詞（動詞の ing 形）は不定詞（to＋動詞の原形）に書きかえられることが多いんだ。たとえば I like playing esports. は I like to play esports. に書きかえることができるよ。

書きかえられないものもあるの？

うん。like のあとは動名詞でも不定詞でも OK だけど，enjoy や finish のあとは動名詞のみ，want や hope のあとは不定詞のみ OK なんだ。問題を解きながら覚えていこう。

STEP 1 次の文の(　　)内の正しいほうを選び，○で囲みなさい。

1 はやく起きることは難しい。

（ Get / Getting ）up early is difficult.

2 彼らは部屋を掃除し始めました。

They began （ cleaning / to cleaning ）the room.

3 ゲームをすることはわくわくします。

Playing games （ is / are ）exciting.

3 playing games（ゲームをすること）は単数あつかいだよ。

STEP 2 次の日本文に合うように，(　　)内の語句を並べかえなさい。

1 海外旅行はおもしろいです。

（ abroad / is / traveling / interesting ）.

_____.

2 私の趣味は写真を撮ることです。

（ hobby / pictures / is / my / taking ）.

_____.

1 「海外旅行」は「海外を旅行すること」と考えるんだ。

3 彼女の夢はヨーロッパの美術館を訪れることです。

（ museums / her / is / visiting / dream ）in Europe.

_____ in Europe.

STEP 3 次の日本文を英語に直しなさい。(動詞の ing 形を使って)

1 私はその手紙(the letter)を書き終えました。

_____

2 英語を書くことは簡単ではありません。

_____

3 彼の仕事(job)はバスを運転することです。

_____

4 私たちはピザ(a pizza)をつくって楽しみました。

_____

4 〈enjoy ＋動詞の ing 形〉で「〜して楽しむ」という意味になるのね。

まとめ の テスト

解答解説 ▶▶ 別冊 20～21 ページ

① 次の日本文に合うように，_____ に適する語を書きなさい。　4点×5(20点)

(1) ここからはバスには乗れません。

You _____ take a bus from here.

(2) 私はここではマスクをするべきですか。

_____ I wear a face mask here?

(3) この絵画はあちらのものよりも高いです。

This painting is _____ _____ than that one.

(4) 私の家はあなたの家ほど新しくありません。

My house is not _____ _____ as yours.

(5) 私はそれを聞いて残念です。

I'm sorry _____ _____ that.

② 次の英文を日本語に直しなさい。　7点×4(28点)

(1) My son must eat more vegetables.

(　　　　　　　　　　　　　　　　　　　　　　　　　　)

(2) You don't have to drive.

(　　　　　　　　　　　　　　　　　　　　　　　　　　)

(3) Music is the most popular subject in this class.

(　　　　　　　　　　　　　　　　　　　　　　　　　　)

(4) Thank you for inviting me to the party.

(　　　　　　　　　　　　　　　　　　　　　　　　　　)

ワンポイント
アドバイス

① (5)【感情の原因】を表す不定詞。

② (2) You don't have to と You must not のちがいを意識して訳してみよう。
(4) Thank you for ～ing. で「～してくれてありがとう」。invite は「招待する」。

3 次の日本文に合うように，（　　）内の語句を並べかえなさい。 5点×4 (20点)

(1) あなたは心配する必要はありません。

（ have / don't / worry / you / to ）.

＿＿＿＿＿＿＿＿＿＿＿＿＿＿＿＿＿＿＿＿＿＿＿＿＿＿＿＿ .

(2) 富士山は日本でいちばん高い山ですか。

（ in / Mt. Fuji / Japan / is / highest / mountain / the ）?

＿＿＿＿＿＿＿＿＿＿＿＿＿＿＿＿＿＿＿＿＿＿＿＿＿＿＿＿ ?

(3) 私はその試験に合格するために一生懸命に勉強しました。

（ studied / hard / I / pass / the exam / to ）.

＿＿＿＿＿＿＿＿＿＿＿＿＿＿＿＿＿＿＿＿＿＿＿＿＿＿＿＿ .

(4) 留学はいい経験になるでしょう。

（ will / studying abroad / a / good experience / be ）.

＿＿＿＿＿＿＿＿＿＿＿＿＿＿＿＿＿＿＿＿＿＿＿＿＿＿＿＿ .

4 次のような状況のとき，英語で何というか。【　】内の語を使って書きなさい。 8点×4 (32点)

(1) 相手に「切符はどこで買えるか」をたずねたいとき【can】

＿＿＿＿＿＿＿＿＿＿＿＿＿＿＿＿＿＿＿＿＿＿＿＿＿＿＿＿

(2) 相手に「急ぐ(hurry)必要はない」と伝えたいとき【have】

＿＿＿＿＿＿＿＿＿＿＿＿＿＿＿＿＿＿＿＿＿＿＿＿＿＿＿＿

(3) 相手に「家族(your family)でいちばん背が高いか」をたずねたいとき【in】

＿＿＿＿＿＿＿＿＿＿＿＿＿＿＿＿＿＿＿＿＿＿＿＿＿＿＿＿

(4) 相手に「会えてうれしい」と伝えたいとき【to】

＿＿＿＿＿＿＿＿＿＿＿＿＿＿＿＿＿＿＿＿＿＿＿＿＿＿＿＿

- -

3 (2) high と tall のちがい：high は高いところにあることに注目し，tall は地面に接した縦長のものに使う。
(4)「留学」は studying abroad（直訳すると「海外で勉強すること」）で表す。
4 (2)「～する必要はない」は don't have to ～で表す。

落ち込んだときは，どうやって立ち直る？

ミウ

> すばる先生，部活の人間関係でいろいろあって，すごくへこんじゃった。
> こういうときって，勉強も手につかなくなるね。

すばる先生

> いつも元気なミウさんなのに，かなり落ち込んでいる様子だね。ぼくも高校時代，好きな女の子にふられたとき，数日間は何をしていてもそのことが頭をよぎって，叫びたくなったことがあったよ。勉強中もずっとモヤモヤして集中できず……。

> 先生にもそんなことが！

> でも，そのときたまたま，塾の宿題と定期テストと模試が重なってきて，次から次とやらなければならないことに取り組んでいたら，いつの間にかふっ切れていたんだ。

> 落ち込んだり，悩んだりしたときは，そういう感情が入りこむ余地がないほど忙しくすると，自然と乗りこえられるんだって学んだよ。

COMMENTS

こーさく先生

> 部活のいざこざって，大変だよねえ。まず，それで勉強に集中できなくなっちゃうのは，ミウさんがその人間関係を大事にしている証拠だよ！たしかにすばる先生の言うとおり，何もしてないとずっと考えちゃうから，たくさん予定をつくろう！

4章 現在分詞・過去分詞

「分詞」は，動詞と形容詞の性質をあわせもつことばなんだ。現在分詞や過去分詞を見きわめるときには，文章中のどの位置にあるかが重要だよ。さらに，現在完了のように時制とからむ単元も出てくるので，この章はもりだくさん！ いっしょに楽しんで学ぼう。

SUBARU

英語の勉強に学年進度は関係ないと思うようになってきたから，新しいこともどんどん学んでいくよ！

これまで習った現在進行形や動名詞も動詞の ing 形だったよね。先生といっしょに，ちがいも整理しながら覚えてみる！

レッスン 34〜42 の音声をまとめて聞けます。

「〜される」ってどう書くの？

HINT

音声を聞こう

It was all started by a mouse.

すべては1ぴきのネズミから始まったのです。

34

 何，この例文!?「謎^{なぞ}の人」の言ってることが謎すぎるんだけど。

 これは彼^{かれ}があるテレビ番組で語ったことばだよ。ちょうど今回勉強する「受け身」の表現になっているね。受け身は〈be動詞＋過去分詞〉の形で「〜される[されている]」の意味を表すんだ。直訳すると「すべては1ぴきのネズミによって始められた」ってとこかな。

 今まで習った文は，主語が「何かをする」側だったけど，受け身の文では主語が「何かをされる」側になるんだね。でも，過去分詞って何？ 初めて出てきた気がするけど…。

 過去分詞は，動詞の活用形の1つだよ。今まで「原形(もとの形)」「現在形」「過去形」を習ってきたよね。そこにもう1つ「過去分詞」っていう形が加わるんだ。「過去形」と同じ形のことも多いけど，不規則な形もあるから，使いながら覚えていこう。

 活用を覚えるときは「原形−過去形−過去分詞」でまとめて覚えるといいよ。たとえば例文のstart(始まる)はstart−started−started。speak(話す)はspeak−spoke−spoken。

 Thank you, Koharu. じゃあ，さっそくその「過去分詞」を使った受け身の文のつくり方を見てみよう。上が現在の文，下が過去の文だよ。

We speak Japanese in Japan. 【ふつうの文】
(日本では(私たちは)日本語を話します)

Japanese is spoken in Japan. 【受け身】
(日本では日本語が話されています)

- - - - - - - - - - - - - - - - -

Miu used this computer. 【ふつうの文】
(ミウはこのコンピュータを使いました)

This computer was used by Miu. 【受け身】
(このコンピュータはミウによって使われました)

動作を受けるほうを主語にして，動詞を〈be動詞＋過去分詞〉の形にするんだ。

動作をする人をby 〜(〜によって)で表すよ。言う必要がないときはby 〜 を省略できるんだね。

 受け身の過去の文をつくるには，be動詞を過去形のwas[were]にするんだ。そのとき過去分詞の形は変わらないから，注意だね！

STEP 1 次の文の( )内の正しいほうを選び，◯で囲みなさい。

1 この門は毎朝 7 時に開けられます。

This gate （ is opened / opened ） at seven every morning.

2 この番組はたくさんの人によって見られます。

This program is （ watch / watched ） by many people.

〈be 動詞＋過去分詞〉
が受け身の形だよ。

3 私たちは隣人の訪問を受けました。

We were （ visiting / visited ） by our neighbor.

STEP 2 次の日本文に合うように，（ ）内の語句を並べかえなさい。

1 ここでは 3 つの教科が勉強されています。

（ studied / are / three / subjects ） here.

_____ here.

2 私は友達に夕食に招待されました。

（ invited to / I / dinner / was ） by my friend.

_____ by my friend.

3 これらの服は中国でつくられました。

（ in / China / made / these / were / clothes ）.

_____ .

STEP 3 次の日本文を英語に直しなさい。

1 英語は多くの人々によって使われています。

_____ many people.

2 build（建てる）の過去分詞は built だよ。巻末の「不規則動詞の変化表」も参考にしよう！

2 このタワー (tower) は 70 年前に建てられました。

_____ seventy years ago.

3 私はクラスメート (my classmates) に助けられました。

_____

4 佐藤先生 (Ms. Sato) はその生徒たちに好かれています。

_____

「～されない」ってどう書くの？

 This message is not written in Japanese.

このメッセージは日本語で書かれていません。

 先生！ 急にスマホに変なメッセージが来た～。日本語じゃないから読めないけど，気持ち悪～い。

 それは災難だね。せっかくだから，ミウさんの状況(じょうきょう)を例文にしてみたよ。written は過去分詞なんだけど，動詞のもとの形（原形）は何かわかる？

 「書かれた」だから「書く」？ あ，write か！ write – wrote – written って活用するの？

 Good! write は不規則に変化する動詞なんだ。前回は過去分詞が -ed で終わる規則動詞を多く使ったけど，今回はよく使う不規則動詞もいくつか覚えよう。

 覚えるってどうやって？ 不規則ってくらいだから，形もバラバラなんじゃないの？

 とにかく使ってみるのがいちばんだよ！ あと，よく使う不規則動詞はこの本の巻末に載(の)せてあるから，必要なときに見てね。じゃあ，受け身の否定文のつくり方を見てみよう。

This room was cleaned by Sho. 【肯定文(こうてい)】
（この部屋はショウによって掃除(そうじ)されました）

↓

This room was not cleaned by Sho. 【否定文】
（この部屋はショウによって掃除されませんでした）

- -

These comic books are sold in the US. 【肯定文】
（これらのマンガ本はアメリカで売られています）

↓

These comic books are not sold in the US. 【否定文】
（これらのマンガ本はアメリカで売られていません）

be 動詞のあとに not を置けば否定文になるのね。

sold は sell(売る)の過去分詞だよ。不規則動詞の１つだね。

---

 be 動詞のあとに not を置くと否定文になるんだね。ふつうの be 動詞の文と同じと考えればよさそうだね。

 今回は覚えることが少ない分，不規則動詞をできるだけたくさん覚えよう！

STEP 1 次の文の（　　）内の正しいほうを選び，◯で囲みなさい。

1 牛肉は一部の人々によって食べられていません。

Beef is（　not eaten ／ eaten not　）by some people.

受け身の否定文は〈be 動詞＋not＋過去分詞〉でつくれるよ。

2 私の名前はよばれませんでした。

My name was not（　call ／ called　）.

3 その手紙は彼に渡されませんでした。

The letter was not（　giving ／ given　）to him.

STEP 2 次の日本文に合うように，（　　）内の語句を並べかえなさい。

1 これらのかばんは日本製ではありません。

These bags（ not ／ are ／ in ／ Japan ／ made ）.

These bags ＿＿＿＿＿＿＿＿＿＿＿＿＿＿＿＿＿＿＿＿＿.

1 「日本製」は「日本でつくられている」と考えればいいんだ。

2 この窓はその男の子たちによって割られたのではありません。

（ not ／ this ／ was ／ broken ／ window ）by the boys.

＿＿＿＿＿＿＿＿＿＿＿＿＿＿＿＿＿＿＿ by the boys.

3 これらのカードは彼女から送られたのではありません。

（ not ／ cards ／ these ／ sent ／ were ）by her.

＿＿＿＿＿＿＿＿＿＿＿＿＿＿＿＿＿＿＿ by her.

STEP 3 次の日本文を英語に直しなさい。

1 日本語は多くの国では話されていません。

＿＿＿＿＿＿＿＿＿＿＿＿＿＿＿＿＿＿ in many countries.

1 speak の過去分詞は spoken だよ。

2 卵（eggs）はこのレシピでは使われていません。

＿＿＿＿＿＿＿＿＿＿＿＿＿＿＿＿＿＿ in this recipe.

3 このゲームはたくさんの人によっては遊ばれていません。

＿＿＿＿＿＿＿＿＿＿＿＿＿＿＿＿＿＿ by many people.

4 授業の間，そのドアは閉められませんでした。

＿＿＿＿＿＿＿＿＿＿＿＿＿＿＿＿＿＿ during the class.

「〜されますか」ってどう書くの？

When was this photo taken?
— About ten years ago.

音声を聞こう

この写真はいつ撮られたの？—およそ 10 年前です。

36

 先生，見て！ これ，コハルさんとショウといっしょに撮ってもらった写真なんだ。お気に入りだから，スマホに取り込んじゃった。

 みんな小さいねー。When was this photo taken?（この写真はいつ撮られたの？）

 幼稚園のころだから…，About ten years ago.（およそ 10 年前です）
あー，何も気にせず仲良くできたころはよかったなー。

 今でも十分仲良しだよ。ところで，「写真を撮る」っていう表現は自分が「撮られる」側のときは，今勉強している受け身の表現が使いやすいんだよ。

 ああ，それでこの例文なんだ。今回は受け身の疑問文？

 そう。といっても be 動詞の文と同じと考えれば，難しいことは何もないんだ。さっそく受け身の疑問文のつくり方をまとめるね。

This car **is made** in Japan. 【肯定文】

（この車は日本でつくられています［日本製です］）

Is this car **made** in Japan? 【疑問文】

（この車は日本でつくられていますか［日本製ですか］）

— Yes, it **is**. / No, it **isn't[is not]**.

（はい，そうです / いいえ，ちがいます）

Where **is** this car **made**? 【疑問詞の疑問文】

（この車はどこでつくられていますか［どこ製ですか］）

---

be 動詞の疑問文は，主語と be 動詞の位置を入れかえるんだったね。

疑問詞は文の最初に置くのよね。

 ああ，最初のころにやった be 動詞の文，思い出してきた。疑問文は主語と be 動詞を入れかえるんだよね。やっぱり基本って大事なんだなぁ〜。

 You're right! それからもちろん，新しいことを覚えるのも大事だよ。巻末の「不規則動詞の変化表」を見ながら，過去分詞の知識もふやしていこう！

STEP 1 次の文の(　　)内の正しいほうを選び，○で囲みなさい。

① お米はたくさんの日本人に食べられていますか。

Is (　eaten rice　/　rice eaten　) by many Japanese people?

② このカレーはショウによってつくられたのですか。

Was this curry (　cooked　/　cooking　) by Sho?

③ 〈②の質問に対して〉はい，そうです。

Yes, (　he was　/　it was　).

STEP 2 次の日本文に合うように，(　　)内の語句を並べかえなさい。

① その歌は若者たちに愛されていますか。

(　loved　/　is　/　the　/　song　) by young people?

_____ by young people?

② その動画は授業中に見せられたのですか。

(　the　/　was　/　shown　/　video　) in class?

_____ in class?

③ この家はいつ建てられたのですか。

(　built　/　was　/　when　/　this house　)?

_____?

STEP 3 次の日本文を英語に直しなさい。

① その教室は毎日掃除されますか。

_____ every day?

② これらの写真(pictures)はコハルによって撮られたのですか。

_____

③ あなたの自転車は盗まれたのですか。

_____

④ 〈③の質問に対して〉いいえ，そうではありません。

_____

③ Yes, it was made by him. の一部が省略されていると考えよう。

② take(撮る)の過去分詞は taken で，③ steal(盗む)の過去分詞は stolen だよ。

英語の Tips 8

受け身の文はふつうの文と何がちがう？

SUBARU

> ■受け身の文の言いかえ表現
>
> **Sho broke the glass.**（ショウはそのコップを割りました）
>
> **= The glass was broken by Sho.**
>
> （そのコップはショウによって割られました）

ふつうの文を受け身の文で言いかえるときには，〈by＋人〉を使う表現が基本だったね。もちろん意味としては同じなんだけど，ニュアンスのちがいはわかるかな？

2つの文にちがいなんてある？　どっちも，ぼくがコップを割ったのは同じじゃない？

何かを強調したいのかな？　たとえば，あえて受け身の文にすることによって，「ショウが」割ったっていうのを強調しているとか？

Great!　よく考えられたね。受け身の文で by を使うことによって，「そのコップを割ったのは（ほかのだれでもない）ショウだ」という意味になる。
実は英語の文には，下のようなおもしろいポイントがあるんだ。

POINT

英語の文は
あとから出てくる情報ほど大事

へぇ～，そうなんだ！　あとから出てくる情報が大事っていうことは，受け身の表現だと by のあとがいちばん伝えたいってことだね。「ショウが割った」って。

手がすべって割っちゃっただけなのに，わざわざ強調しなくてもいいのにな。

だから，あえて by 以下を書かないことで，だれがやったかを曖昧（あいまい）にすることもできるんだ。だれがやったかわからないときや，直接表現することを避（さ）けるときには，そうしようね。

英語って，ニュアンスまで知って使いこなせたら，きっともっと話すのが楽しくなるね!!

休憩時間はどのくらい？何をすればいい？

すばる先生，勉強中の休憩時間って，何分ごとに何分取ったらいい？

コハル

すばる先生

コハルさん，集中力がもつのは90分が限度といわれているよ。だから，90分ごとに休憩をしてもいいし，90分以内でキリのいいところまで進んだら，そこで休んでもいいと思うよ。

なるほど。休憩時間は？

15〜20分がおすすめ。
90分続けて勉強するのが難しかったら，30分勉強して5分休憩，もっとできそうだったら，60分勉強して12分休憩とかにしてもいい。

30分勉強して5分休憩から始めようかな。

休憩時間を守れるよう，タイマーをセットするといいよ。でも，スマホは脳の疲れが取れないから，見ないほうがいい。休憩時間の前半は席を立って歩いたり，ストレッチをしたりして，後半は目を閉じて瞑想するとリフレッシュできるよ。

COMMENTS

いっせー先生

時間でメリハリをつけるというのは，すばる先生らしい発想だな。ぼくは，アラームを鳴らしていたかな。チャイムみたいな音声が流れるようにして「勉強しなきゃ」「遊びをやめなきゃ」って，気分を切り替えていたよ。

「ずっと〜している」ってどう書くの？

音声を聞こう

I have lived here since I was born.

私はうまれてからずっとここに住んでいます。

37

 今回からいよいよ「現在完了形」に入るよ。現在完了形は，過去に起きた動作や状態が現在にもつながりをもっていることを表す言い方なんだ。

 たしかに例文だと，1つの文で「私がうまれた過去」と「今もここに住んでいる現在」を表してる。過去から現在までずっと続いてるっていうイメージかな。

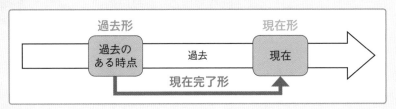

 そう！　この図が基本イメージだよ。現在完了形は〈have[has] ＋過去分詞〉の形で【継続】【経験】【完了】の意味を表すことができるんだけど，今回はまず【継続】用法を見ていくね。「（ずっと）〜している」という意味を表す文だよ。

She has known him for a long time.
（彼女は長い間，彼を知っています）

She hasn't[has not] known him for a long time.
（彼女は長い間は，彼を知りません）

Has she known him for a long time?
（彼女は長い間，彼を知っていますか）

— Yes, she has. / No, she hasn't[has not].
（はい，知っています／いいえ，知りません）

POINT

【ふつうの文】
〈主語＋have[has] ＋
過去分詞〜.〉
【否定文】
have[has] のあとに
not を置く。
【疑問文】
文頭に Have[Has]を
置いて，文末に「?」
をつける。

 主語が3人称単数なら，have は has になるのね。過去分詞の形は変わってないけど。

 Good point! あと，現在完了の文に「〜以来」を表す since や「〜の間」を表す for があると，【継続】用法だと見分けるヒントになるよ。

✏ 練習問題

STEP 1 次の文の（　　）内の正しいほうを選び、○で囲みなさい。

① 私は 2020 年から彼女に会っていません。

I have （ not seen / seen not ） her since 2020.

② ミウはそのかばんを 5 年間持っています。

Miu has （ have / had ） the bag for five years.

③ あなたは先週から忙しいです。

You have been busy （ for / since ） last week.

③ for は「〜の間」、since は「〜以来」を表すよ。

STEP 2 次の日本文に合うように、（　　）内の語句を並べかえなさい。

① あなたは 10 年以上ここで働いていますか。

（ you / have / here / worked / for ） more than ten years?

_____ more than ten years?

② 彼女は今朝から何も食べていません。

（ she / anything / not / eaten / has ） since this morning.

_____ since this morning.

③ 私の父はずっと新しい車を買いたいと思っています。

（ my father / buy / to / has / wanted ） a new car.

_____ a new car.

STEP 3 次の日本文を英語に直しなさい。

① 彼女は長い間、動物(animals)を愛してきました。

_____ for a long time.

② あなたはどのくらい長く彼を知っているのですか。

How long _____?

③ 私はこの国に(in this country)50 年間住んでいます。

_____ for fifty years.

④ 彼女は昨年からこのカメラを使っていません。

_____

② How long のあとには疑問文の語順〈have [has]＋主語＋過去分詞〜?〉を続けるよ。

PART 12 現在完了

CHAPTER 4

38 3年　現在完了形（経験）

「今までに〜したことがある」ってどう書くの？

 I have seen the movie *Cinderella* before.

 HINT

 音声を聞こう

 38

ぼくは以前，映画『シンデレラ』を見たことがあります。

 今日は「（今までに）〜したことがある」っていう【経験】の用法を勉強するから，こんな例文にしてみたよ。今回の例文，謎解きのヒントにもなっているからね。

 本当だ，🔑HINTマークがついてる！『シンデレラ』なら，私もつい最近見たよ！　えー，この映画に関係ある人ってだれだろう？

 ふっふっふ。もうちょっと悩んでもらおうかな。さて，この【経験】を表す現在完了だけど，基本の形は〈have＋過去分詞〉で，前回といっしょなんだ。

 じゃあどうやって見分けるの？

 現在完了形といっしょに使われている語句に注目するんだ。【経験】用法の例文をいくつか挙げてみるね。

Subaru has been to Singapore once.
（すばる先生はシンガポールに1回行ったことがあります）
I have never seen a panda.
（私は一度もパンダを見たことがありません）
Have you ever studied Chinese?
（あなたはこれまでに中国語を勉強したことがありますか）
― Yes, I have. / No, I haven't[have not].
（はい，あります／いいえ，ありません）

have been to 〜 は「〜に行ったことがある」という決まった言い回しだよ。

 いっしょに使われているのは，once，never，ever，つまり頻度を表すことばね。

 Excellent!　回数を表す表現は，「1回」が once，「2回」が twice，「3回」以上は three times のように言うんだ。〜 times はふつう，文の終わりに置くよ。

 never，ever は文末じゃなくて過去分詞の前に置くんですね。

 現在完了形の意味って，文脈で判断するのも大事だけど，どんな語句といっしょに使われているかを見ると，けっこうわかるんだね。

✎ 練習問題

STEP 1 次の文の（　　）内の正しいほうを選び，◯で囲みなさい。

1 私は納豆を食べたことがありません。

I have （　ever / never　） eaten *natto*.

② 彼_{かれ}は一度，私の家に来たことがあります。

He has （　came / come　） to my house once.

③ 私は彼の動画を何回も見たことがあります。

I （　seen / have seen　） his videos many times.

STEP 2 次の日本文に合うように，（　　）内の語句を並べかえなさい。

1 あなたはこれまでにあの歌を聞いたことがありますか。

（ you / have / heard / ever / that song ）?

_____?

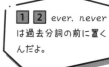

② 私たちは一度も海外を旅行したことがありません。

（ traveled / we / have / abroad / never ）.

_____.

③ 彼は 3 回カナダに行ったことがあります。

（ has / Canada / to / he / been ） three times.

_____ three times.

STEP 3 次の日本文を英語に直しなさい。

1 私は北海道（Hokkaido）を 2 度訪れたことがあります。

_____

② 彼女_{かのじょ}は一度も（never）バイオリンを演奏したことがありません。

_____

③ 私は以前レストランで（at a restaurant）働いたことがあります。

_____ before.

④ あなたはこれまでに（ever）バレーボール（volleyball）をしたことがありますか。

_____

「すでに～してしまった」ってどう書くの？

音声を
聞こう

39

My dream hasn't come true yet.

ぼくの夢はまだ実現していません。

 今回は現在完了形の【完了】の用法だね。これもやっぱり，形はほかの現在完了形と同じってことでいいのかな。

 そうだね。〈have＋過去分詞〉っていう形は変わらないけど，【完了】用法は「～したところだ」「～してしまった」という意味になるんだ。過去に始まった動作や状態が現在までに完了していることを表すよ。

 じゃあ，また同じ質問だけど，どうやってほかの用法と見分けるの？

 もちろん【完了】用法にもいっしょに使われやすい語句があるんだ。例文を見てみようか。

I have just washed my hands.
（私はちょうど手を洗ったところです）
We have already cleaned the classroom.
（私たちはすでに教室を掃除しました）
Sho has not finished his homework yet.
（ショウはまだ宿題を終えていません）
Has Miu bought the movie tickets yet?
（ミウはもう映画のチケットを買いましたか）
— Yes, she has. / No, she hasn't[has not].
（はい，買いました／いいえ，買っていません）

 just, already は過去分詞の前, yet は文末に置くんだ。

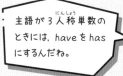 主語が3人称単数のときには, have を has にするんだね。

 【完了】用法では，「すでに」とか「ちょうど」みたいな語句が使われることが多いのね。

 そうだね。例文に入っている just（ちょうど），already（すでに），yet（[否定文で]まだ，[疑問文で]もう）の3つを覚えておけば大丈夫だよ。

 ところで，最初の例文にあったすばる先生の夢って？

 うーん。一言でいうと，教育の格差をなくしていくことかな。そんなに簡単じゃないけど，簡単にかなう夢は逆におもしろくないと思うんだ。

STEP 1 次の文の( )内の正しいほうを選び，◯で囲みなさい。

1 彼はもう家に帰ってしまいました。

He has (already / yet) gone home.

2 バスはもう出発してしまいましたか。

Has the bus (leaves / left) yet?

3 私はすでに大学を卒業しました。

I have (already graduated / graduated already) from university.

STEP 2 次の日本文に合うように，( )内の語句を並べかえなさい。

1 映画はちょうど始まったところです。

(just / started / has / the movie).

_____.

2 あなたはもうテストを終えましたか。

(finished / you / have / the test / yet)?

_____?

3 私たちはちょうど駅についたところです。

(have / at / arrived / we / just) the station.

_____ the station.

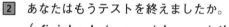

3 「〜につく」は arrive at 〜 で表すよ。just は過去分詞の前に置くんだ。

STEP 3 次の日本文を英語に直しなさい。

1 彼女はちょうど帰宅した (come home) ところです。

_____

2 私はもう (already) 今日の新聞 (today's newspaper) を読みました。

_____

3 あなたはもう私たちの新しい先生を見ましたか。

_____ yet?

4 ショウはまだ彼の部屋を掃除していません。

_____

1 2 come と read はそれぞれ過去分詞も come と read なんだ。

PART 12 現在完了

「ずっと〜し続けている」ってどう書くの？

音声を聞こう

40

It has been raining for hours.

何時間も雨が降り続いています。

 今日は朝からすごい雨だね。当分やみそうもないや。

 本当だね。そんな様子は「現在完了進行形」で表せるよ。例文にもあるように，現在完了進行形は過去に始まったことが現在も続いている様子を表す表現なんだ。

 それって「現在完了形」とはどうちがうの？

 まず，形が〈have been + 動詞の ing 形〉になるよ。been って実は，何かの過去分詞なんだけど，何かわかる？

 見た<ruby>目的<rt>みため</rt></ruby>に，be 動詞じゃない？

 Great! been は be 動詞の過去分詞なんだ。そこで思い出してほしいのが，「今〜しているところです」っていう現在進行形の表現。たしか〈be 動詞 + 動詞の ing 形〉で表すんだったよね。ということは？

 わかった！「現在完了進行形」は「現在完了形」と「進行形」が合体したって考えればいいんだ！ それで「(ずっと)〜し(続け)ています」って意味になるのね。

 Perfect! それじゃあ，最後に「現在完了進行形」のつくり方をまとめるよ。

Miu has been studying for three hours.
（ミウは３時間ずっと勉強しています）

Miu hasn't[has not] been studying for three hours.
（ミウは３時間ずっと勉強してはいません）

Has Miu been studying for three hours?
（ミウは３時間ずっと勉強していますか）

— Yes, she has. / No, she hasn't[has not].
（はい，しています／いいえ，していません）

現在完了形の【<ruby>継続<rt>けいぞく</rt></ruby>】用法と同じように，since（〜以来）や for（〜の間）がよく使われるよ。

STEP 1 次の文の（　　）内の正しいほうを選び，◯で囲みなさい。

1 彼女は何時間も買い物をしています。

She has（　shopping / been shopping　）for hours.

2 雪は今朝から降り続いていますか。

（　Has / Have　）it been snowing since this morning?

> 2 have の変化形は主語の it に合わせるんだ。

3 〈2 の質問に対して〉はい，降り続いています。

Yes,（　it is / it has　）.

STEP 2 次の日本文に合うように，（　　）内の語句を並べかえなさい。

1 彼らは 2 時間ずっと話し続けています。

（ for / they / have / talking / been ）two hours.

_____ two hours.

2 私は昨日からずっと自分のスマートフォンを探しています。

（ my smartphone / been / looking / I've / for ）since yesterday.

_____ since yesterday.

3 ミウはどのくらい長くショウを待っていますか。

How long（ waiting / Miu / Sho / has / been / for ）?

How long _____?

STEP 3 次の日本文を英語に直しなさい。

1 私は 1 時間ずっと料理をしています。

_____ for an hour.

> 4 「〜から」は since を使って表すんだね。

2 あなたは長い間，ずっと英語を教えていますか。

_____ for a long time?

3 彼は 5 時からずっと眠っています。

_____ five o'clock.

4 彼らは今朝からずっとサッカーをしています。

_____

これまでの時制をまとめてみよう！

 ここまでで時制はすべて習ったので，一度まとめて復習してみよう。
意味やイメージを表にしてみたよ。ショウ，ミウ，コハルの3人が注意点を教えてくれるみたい。忘れているところがあれば，戻って確認しよう。

時制	形	意味	イメージ
現在	例 listen	【習慣】 いつもやっている	過去　現在　未来
現在 進行形	am[are, is]＋動詞の ing 形 例 is listening	たった今やっている	過去　現在　未来
過去	-ed 例 listened	前にやった	過去　現在　未来
過去 進行形	was[were]＋動詞の ing 形 例 was listening	そのときやっていた	過去　現在　未来
未来	will＋動詞の原形 例 will listen	これからやる	過去　現在　未来
現在 完了形	have[has]＋過去分詞 例 has listened	①【継続】 　今までやってきた ②【経験】 　今までにやったことがある ③【完了】 　今ちょうどやり終えた	②回数　①期間　③時点 過去　現在　未来
現在完了 進行形	have[has] been＋動詞の ing 形 例 has been listening	前からやり続けている	過去　現在　未来

 ぼくがよくまちがうのは，現在形で主語が3人称単数のとき。動詞に s をつけるのを忘れないようにする！

 私が注意しているのは，過去形の不規則動詞かな。発音はできるんだけど，書いてみるとまちがうことがあるので，問題を解きながら覚えます！

 私は現在完了形の「継続・経験・完了」の意味を見分けるのが苦手なので，イメージしながら考えてみます！

 みんなよく復習できているね！ 友達と教え合いながら勉強すると記憶に残りやすいから，これからも積極的に学びを共有しよう。

やる気が出ないときは
どうすればいい？

ミウ

すばる先生，どうしても勉強する気に
なれないときはどうしたらいい？

すばる先生

ミウさん，そういうときもあるよね。
そういうときは……勉強してみよう！

えーっ!? 何それ！

いやいや，冗談じゃないんだよ。やる気を出すに
は，まずは始めてみることが大事なんだ。
「やる気になってから勉強する」と考えている人
が多いけど，実はやる気っていうのは，脳のしく
み上，手を動かして作業をしているうちに出てく
るようになっているんだ。

だから，いったん始めてしまえばこっちのもの。
始める前のハードルを下げるために，得意な教科
や分野など，自分にとってできるだけ負担の少な
いところから取りかかるといいよ。

そうなんだ！ やってみるね。

COMMENTS

でんがん先生

すばる先生の言うとおり，やる気にならないけど，やっていくう
ちにやる気がわいてくるのは，けっこうあるあるだよね。学校に
行く前は「行くのめんどくさい」とか思ってても，いざ行ったら
「楽しい」みたいなのもあるし，この方法はおすすめだね！

3年 現在分詞

動詞の ing 形で名詞を修飾しよう

The cat playing with a toy is Pochi.

音声を
聞こう

41

おもちゃで遊んでいるネコはポチです。

 先生の飼っているネコって，ネコなのにポチなの？ いや，まあ名前は自由だけど…。でも，なんか今回の例文の英語，変じゃない？ The cat is playing 〜にならないの？

 この文は（ ）をつけるとわかりやすいよ。まず下のように（ ）をつけて，その部分を入れないで訳すとどうなるかな？

> **The cat (playing with a toy) is Pochi.**

 「そのネコはポチです」になりますね！ （ ）の中は「おもちゃで遊んでいる」っていう意味で，その前の cat を説明しているってことじゃない？

 Excellent! この playing のような動詞の ing 形を「現在分詞」とよぶよ。「〜している」という意味で，名詞を修飾する形容詞のようなはたらきをするんだ。

 え？ 動詞の ing 形は「動名詞」じゃないの？

 実は「動名詞」も「現在分詞」も，形は同じ動詞の ing 形なんだ。でも，それぞれ「名詞」としてはたらくか「形容詞」としてはたらくかのちがいがあるんだよ。「現在分詞」を使った例文を見てみようか。

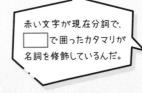

Sleeping babies are so cute.
（眠っている赤ちゃんはとてもかわいいです）

I know the girl playing the piano.
（私はピアノをひいている女の子を知っています）

 赤い文字が現在分詞で，◯◯で囲ったカタマリが名詞を修飾しているんだ。

 現在分詞が1語だけで名詞を修飾するときは前からで，複数の語句で名詞を修飾するときは後ろからなのね。慣れるまでは，意味のカタマリを（ ）に入れるとわかりやすいかも。

 （ ）をつけることは，長文を読むときにもかなり使えるテクニックだよ。問題を解きながら，この形の英文に慣れていこうね。

STEP 1 次の文の（ ）内の正しいほうを選び，◯で囲みなさい。

① 私は昇^{のぼ}る太陽を見ました。

I saw （ the rising / is rising ） sun.

② 空港行きのバスはそこから出ます。

The bus （ is going to / going to ） the airport leaves from there.

③ いくつかの動いている絵がウェブサイト上で見られます。

You can see some （ move / moving ） pictures on the website.

STEP 2 次の日本文に合うように，（ ）内の語句を並べかえなさい。

① 踊^{おど}っている人々を見なさい。

（ the / look / people / at / dancing ）.

_____.

② ドアのそばに立っている女性はだれですか。

Who is （ the door / standing / by / the woman ）?

Who is _____?

③ 私の弟と話している男性は彼^{かれ}の野球のコーチです。

（ the man / with / talking / my brother ） is his baseball coach.

_____ is his baseball coach.

STEP 3 次の日本文を英語に直しなさい。

① 私はその泣いている女の子を知っています。

_____

② 着物を着ている女性（a woman）がいます。

There is _____ a kimono.

③ 絵（a picture）をかいている女の子はハナ（Hana）です。

The girl _____.

④ そのベンチ（the bench）にすわっている男の子たち（the boys）は私の友達です。

_____

動詞の ed 形で名詞を修飾（しゅうしょく）しよう

 The castle built in the park is beautiful.

  音声を聞こう

42

園内に建てられたお城は美しいです。

 あ，今回は謎解き例文か。「園内に建てられたお城」といえば，あれしか思い浮（う）かばないけど…。もしかして「謎（なぞ）の人」わかっちゃったかも。

 お，その勢いで例文もわかっちゃうかな？ 実は今回の「過去分詞」は，前回の「現在分詞」と考え方は似てるんだ。

 The castle built ... って頭から読むと「お城が何かを建てた」みたいでおかしくなっちゃうよね。この文も（　）を入れればわかりやすいってこと？

 たぶんそうだよ。built は受け身で習った「過去分詞」と考えれば，「建てられた」っていう意味になるんじゃないかな。

 Good! じゃあ，今回も現在分詞のときと同じように（　）をつけてみようか。

The castle (built in the park) is beautiful.

 （　）の部分を入れないと「そのお城は美しいです」って意味になるね！ （　）の中は「園内に建てられた」という意味で，その前の the castle を説明している，でどうですか？

 Well done! この built は予想通り「過去分詞」だよ。過去分詞は「～された」「～されている」の意味で，形容詞のように名詞を修飾するんだ。例文を見てみようか。

Don't touch the | broken | **glass.**
（割れたガラスにさわってはいけません）

What's the language | spoken in Singapore | **?**
（シンガポールで話されている言語は何ですか）

 赤い文字が過去分詞で，□で囲ったカタマリが名詞を修飾しているんだ。

 過去分詞が1語だけなら名詞を前から修飾して，複数の語句なら名詞を後ろから修飾するっていうのも，現在分詞のときと同じね。

 現在分詞（動詞の ing 形）が「～している」で，過去分詞（動詞の ed 形）が「～されている」っていう意味で，名詞を修飾するんだね。

✐ 練習問題

STEP 1 次の文の（　　　）内の正しいほうを選び，◯で囲みなさい。

1 これは世界中で読まれている小説です。

This is a novel （　read ／ reading　） all over the world.

2 私の父は中古車を欲しがっています。

My father wants a （　car used ／ used car　）.

3 私は祖父が育てたトマトを食べました。

I ate tomatoes （　are grown ／ grown　） by my grandfather.

STEP 2 次の日本文に合うように，（　　　）内の語句を並べかえなさい。

1 私はこのこわれたコンピュータはいりません。

（ broken ／ I ／ need ／ don't ／ this ／ computer ）.

_____ .

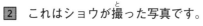

> 1 は前から，2 3 は後ろから名詞を修飾する形だよ。

2 これはショウが撮った写真です。

This is （ Sho ／ taken ／ by ／ a picture ）.

This is _____ .

3 私は英語で書かれた本を読みました。

（ written ／ read ／ I ／ in English ／ a book ）.

_____ .

STEP 3 次の日本文を英語に直しなさい。

1 私は中国製の腕時計 (a watch) を持っています。

_____

> 1 「中国製の」は「中国でつくられた」と考えよう。

2 英語は多くの国で勉強されている言語 (a language) です。

_____ in many countries.

3 彼は多くの人に愛された偉大な (great) テニス選手でした。

_____ by many people.

4 パーティーに招待された人々 (the people) は幸せそうに見えました。

_____ looked happy.

まとめ⑩テスト

得点

／100

解答解説 ▶▶別冊 26 ページ

① 次の日本文に合うように，_____ に適する語を書きなさい。

4点×5（20点）

(1) このバイオリンは 100 年前につくられました。

This violin _____ _____ 100 years ago.

(2) 私たちはフランスに数回行ったことがあります。

We _____ _____ _____ France a few times.

(3) 私はちょうど東京駅に到着したところです。

I _____ just _____ at Tokyo Station.

(4) あなたはショウと話しているあの女性を知っていますか。

Do you know that woman _____ with Sho?

(5) 彼女はたくさんのファンに愛されている選手ですか。

Is she a player _____ _____ many fans?

② 次の英文を日本語に直しなさい。

7点×4（28点）

(1) Was this building built recently?

(　　　　　　　　　　　　　　　　　　　　　　　　　　　　　）

(2) I have used this wallet for 10 years.

(　　　　　　　　　　　　　　　　　　　　　　　　　　　　　）

(3) I have already heard the surprising news.

(　　　　　　　　　　　　　　　　　　　　　　　　　　　　　）

(4) Have you ever read an English book?

(　　　　　　　　　　　　　　　　　　　　　　　　　　　　　）

---

① (2)「～に行ったことがある」は have been to ～。「数回」は a few times で表す。

(3)「～に到着する」は arrive at ～で表す。

② (3) surprising は「驚かすような」＝「驚くべき」

(4) この read は過去分詞。「～したことがあるか」と【経験】をたずねる現在完了の文。

③ 次の日本文に合うように，（　　　）内の語句を並べかえなさい。 5点×4（20点）

(1) この手紙は1か月前に書かれました。

(a month / was / written / letter / this / ago).

_____.

(2) 私たちは昨年から知り合いです。

(known / each other / we / year / since / last / have).

_____.

(3) 彼はこれまでにあなたを手伝ったことはありますか。

(ever / you / has / he / helped)?

_____?

(4) これらは授業で使われるコンピュータです。

(these / the computers / class / in / used / are).

_____.

④ 次のような状況のとき，英語で何というか，書きなさい。 8点×4（32点）

(1) 相手に「この窓がいつ開けられたか」をたずねたいとき

_____

(2) 「彼は一度も東京に行ったことがない」と伝えたいとき

_____

(3) 相手に「すでに宿題を終えたか」をたずねたいとき

_____

(4) 相手に「数学を勉強している男の子がだれか」をたずねたいとき

_____

- -

③ (1) written は write の過去分詞。
　(2)「～から…を知っている」は【継続】の現在完了 have known … since ～ で表す。
④ (4) the boy（男の子）を「数学を勉強している」という意味の語句が後ろから修飾する形にする。

志望校は何を基準に決めたらいい？

ショウ

> すばる先生，志望校選びって，どんなことを決め手にしたらいいの？

すばる先生

> ショウくんが，その志望校に対して，ワクワクするかどうか。その学校に対する憧れ（あこが）をもてるかどうかが大事だと思うな。

> そんな直感的なことでいいの？

> そう。直感って，けっこう大事だよ！
> もし，まだどの高校に対して自分がワクワクするかがわからなければ，近隣（きんりん）の高校の文化祭へ行ってみるとか，インターネットでホームページを見てみるとか，とにかく行動してみて！
> きっと，ワクワクする学校が見つかるよ。

> なるほど！
> 調べてみるね！

COMMENTS
こーさく先生

> これはすばる先生に大賛成！ いい学校はたくさんあるから，その中で自分が「おっ！」って思ったところ，という基準はとても大事だよ。あとは，３年間毎日のように通う場所になるから，個人的には通いやすさも重要な要素だと思うな。

5章 いろいろな文

ラストの章は入試に出やすい項目(こうもく)を集中的にあつかうよ！ 2つの文を1つにする関係代名詞, ありえないことを仮定する仮定法など。一見よくわからない文に見えるけど, ルールがわかれば難しくないよ！ 最後には「謎(なぞ)の人」の正体もきっとわかるはず。お楽しみに！

SUBARU

いよいよラストの章か！ 最初は英語は苦手だったけど, 新しいことを学ぶのが好きになってきた。

うわあああ！ たしかにちょっと難しそう。でも, ここまでみんなでいっしょに英語をがんばってきたから, 今回も挑戦(ちょうせん)してみる！

ショウもミウもモチベが上がってるね！ 私は受験生だから, 2人に教えられるくらいできるようになりたい！

レッスン43～50の音声をまとめて聞けます。

２つの文を１つにするには？①

This is the comic book that changed my life.

音声を
聞こう

43

これはぼくの人生を変えたマンガ本です。

すばる先生の人生って，マンガで変わっちゃったの？

そうなんだよ。あの有名な大ヒットマンガを読んで，「自分も東大に行けるんだ！」って思っちゃってね。まあこの辺の話は，よかったら YouTube 動画で見てみて。

私はもう見たよ〜。で，今回の例文なんだけど，that がなんなのかよくわからなくて…。

この that は「関係代名詞」といって，２つの文を１つにするはたらきをしているんだ。たとえばこの例文は，下の２つの文が合体したと考えるよ。

> **This is the comic book.** ＋ **It changed my life.**

なるほどー。the comic book と It は同じものを指してるから，それを that を使って合体させるのね。

That's right! ちなみに関係代名詞は，「人」を指すときは who か that，「もの」を指すときは which か that を使うんだ。例文を使って具体的な文のつくり方を整理するよ。

I have a friend. ＋ **He lives in China.**
（私には友達がいます）（彼は中国に住んでいます）
↓
I have a friend who[that] lives in China.
（私には中国に住んでいる友達がいます）

STEP 1
２つの文で共通する人［もの］に下線を引く。

STEP 2
２つ目の下線の語を消す。

The doll is mine. ＋ **It has blue eyes.**
（その人形は私のものです）（それは青い目をしています）
↓
The doll which[that] has blue eyes is mine.
（その青い目をした人形は私のものです）

STEP 3
１つ目の下線の語のあとに that[who, which] を置く。

STEP 4
２つ目の文の残った語句を that[who, which] のあとにつなげる。

「人」にも「もの」にも使えるなら，that だけでよくない？って思いがちだけど，これから勉強していく中で，使い分けも必要になるんだ。ここでしっかり覚えておこう！

STEP 1 次の文の( )内の正しいほうを選び，○で囲みなさい。

1 舞台で歌っている女の子は私の友達です。

The girl (which / who) is singing on the stage is my friend.

2 窓のない部屋が 1 つあります。

There is a room (that / who) has no windows.

3 私たちは混んでいる場所を訪れたくありません。

We don't want to visit places which (is / are) crowded.

STEP 2 次の日本文に合うように，( )内の語句を並べかえなさい。

1 私はフランス語を話す男の子を知っています。

(a boy / speaks / French / know / I / who).

_____.

2 昨日開店した店は服を売っています。

(opened / which / yesterday / the shop) sells clothes.

_____ sells clothes.

3 留学したい学生がたくさんいます。

There are (study abroad / many / want / who / students / to).

There are _____.

> 3 「留学する」は study abroad で表すよ。

STEP 3 次の日本文を英語に直しなさい。

1 私たちは大きな (large) 窓のある家に住んでいます。

We live in a house _____.

2 これはその美術館 (the museum) に行くバスですか。

Is this the bus _____?

3 これはネコ (cats) を愛する人たちのためのカフェです。

This is a cafe for _____.

4 私にはバスケットボールをする 2 人の兄がいます。

_____

> 2 「～に行く」は go to ～で表すよ。go を 3 人称単数現在形にしよう。

2つの文を1つにするには？②

This is the comic book that my mother bought.

🔊音声を聞こう

44

これはぼくの母が買ってくれたマンガ本です。

今回の例文，that で始まる意味のカタマリが the comic book を後ろから説明しているのは，前回と同じだね。また2つの文に分解するから，どこがちがうか考えてみて。

> This is the comic book. ＋ My mother bought it.

あれ？ 前回は，1つ目の文の the comic book と，2つ目の文の it がもっとくっついていたよね。

そう！ 正確には，前回の it は2つ目の文の主語だったんだ。だから共通する語を消した結果，that の後ろには主語がなかった。今回は it を消しても my mother という主語は残るから，**that の後ろには〈主語＋動詞〉の形が続く。**これが前回と今回のちがいだよ。

This is the comic book. ＋ **It changed my life.**
（これはマンガ本です）　　　（それは私の人生を変えました）

↓

This is the comic book that changed my life.
（これは私の人生を変えたマンガ本です）

- - - - - - - - - - - - - - - - - - - -

This is the comic book. ＋ **My mother bought it.**
（これはマンガ本です）　　　（私の母がそれを買いました）

↓

This is the comic book that my mother bought.
（これは私の母が買ったマンガ本です）

| STEP 1 |
2つの文で共通する人[もの]に下線を引く。
| STEP 2 |
2つ目の下線の語を消す。
| STEP 3 |
1つ目の下線の語のあとに that[which] を置く。
| STEP 4 |
2つ目の文の残った語句を that[which] のあとにつなげる。

前回と今回の例文を上下に並べてみたよ。前回の that は主語の代わりになってるから【主格】，今回は目的語の代わりになってるから【目的格】っていうちがいがあるんだ。

じゃあ，修飾される名詞が「人」のときは who で，「もの」のときは which，「人・もの」どちらにも使えるのが that っていうのもいっしょ？

【目的格】のときは，that が「人・もの」，which が「もの」に使われるのは同じだけど，「人」には原則として who は使わないんだ。詳しくは高校で習うから，今は「人」には that を使うっていうふうに覚えておこう。

STEP 1 次の文の( )内の正しいほうを選び, ◯で囲みなさい。

1 これは私が持っているすべてです。

This is everything (that / who) I have.

> 2 that のあとには〈主語＋動詞〉が続くよ。

2 私が忘れられない1つのことがあります。

There is one thing (that / that I) can't forget.

3 あなたが撮った写真を私に見せてください。

Show me the pictures (which / who) you took.

STEP 2 次の日本文に合うように, ( )内の語句を並べかえなさい。

1 これは私が探していたカギです。

This is (was / that / I / looking for / the key).

This is _____.

2 あなたは昨日見た映画を気に入りましたか。

Did you like (saw / yesterday / which / you / the movie)?

Did you like _____?

3 私にはたずねたい質問があります。

I have a question (I / to / which / want / ask).

I have a question _____.

STEP 3 次の日本文を英語に直しなさい。(which または that を使って)

1 あなたがつくった(made)昼食(the lunch)はおいしいです。

_____ is delicious.

2 私が買ったかばんは高価(expensive)でした。

The bag _____.

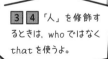

> 3 4 「人」を修飾するときは, who ではなく that を使うよ。

3 彼はみんな(everyone)が知っている芸術家(an artist)です。

_____

4 彼らは私が教えている生徒たち(the students)です。

_____

that や which は省略できるの？

音声を
聞こう

All I want for Christmas is you.

クリスマスに欲しいのはあなただけ。

45

 あー，毎年クリスマスが近づいてくると，マライア・キャリーの All I Want for Christmas Is You が頭の中に流れるんだよね〜。でもタイトルの意味は知らなかったな。

 こうやって興味があることとからめると，英語の勉強も少し楽しくなってくるよね。実は このタイトルに，今回勉強することがふくまれているんだ。ヒントは関係代名詞だよ。

 え？ だって that も which も who も入ってないけど…。まさか，また別の関係代名詞 が出てくるとか？

 その逆で，関係代名詞が省略されているんだよ。関係代名詞で始まる意味のカタマリは， 直前の名詞を修飾するんだったよね。この例文で意味のカタマリに（　）をつけてみようか。

> **All (I want for Christmas) is you.**

 all は「全部」とか「すべて」とかっていう意味だよね。（　）の中が「私がクリスマスに 欲しい」っていう意味で，all を修飾してるって考えればいいのかな。

 Great! 習ったことを使って，知らないことでも予測できるのが英語のおもしろいところ だね。で，関係代名詞が省略されているのはわかった？

 わかった！ All のあとに that か which が省略されてるんですね！ これってどんな関係 代名詞でも省略できるんですか？

 Good question! 省略できるのは【目的格】，つまり後ろに〈主語＋動詞〉が続く関係代名 詞だけなんだ。下の例文で，〈主語＋動詞〉が前の名詞を説明していることを確認してね。

> **The cake (that) Miu made is delicious.**
> （ミウがつくったケーキはおいしいです）
> **She is a singer (that) everybody likes.**
> （彼女はみんなが好きな歌手です）

> 【目的格】の関係代名
> 詞は省略されることが
> 多いよ。

 The cake Miu made is delicious. うれしいな。もしかしてショウが言ってくれたの？

 べ，べつに言ってないし…。

STEP 1 次の文の( )内の正しいほうを選び，○で囲みなさい。

① 彼女は私が昨日会った女の子です。

She is the girl (I met / met) yesterday.

② 彼は私が尊敬する人です。

He is the person (which I / I) respect.

③ あなたが私にくれたコーヒーはおいしかったです。

The coffee (you gave me was / was you gave me) delicious.

STEP 2 次の日本文に合うように，( )内の語句を並べかえなさい。

① 彼が好きな女の子はピアノをひきます。

(likes / he / plays / the girl) the piano.

_____ the piano.

2 は疑問文だよ。主語と be 動詞を入れかえるのを忘れずに。

② これはあなたが作詞した歌ですか。

(a song / wrote / is / you / this)?

_____ ?

③ あなたが昨晩会った男性は私の父です。

(the man / last night / saw / is / you) my father.

_____ my father.

STEP 3 次の日本文を英語に直しなさい。ただし which と that は使わないこと。

① あなたが好きな教科(the subject)は何ですか。

What is _____ ?

② 私はあなたが歌っている歌を知っています。

I know _____ .

③ は主語の the photos は複数なので, be 動詞を are にするよ。

③ あなたが撮った写真(the photos)は美しいです。

_____

④ これは私が書いた手紙です。

_____

英語の **T**ips ❿

クイズ「that の意味を答えられる？」

SUBARU

Q. 次の英文の意味を答えなさい。

I think ❶that ❷that ❸that ❹that ❺that boy wrote is wrong.

関係代名詞を習い終わったところで，有名な英文クイズをみんなでやってみようか！
上の文の意味はわかるかな？

> 【ヒント】
> ①この文全体は〈I think that＋主語＋動詞.〉の形で，「私は（主語）が（動詞）する
> と思う」という意味になるんだ。
> ②最初の that は接続詞で，省略できるよ。

え，何これ？ I think that まではわかったけど，そのあとが
わからない。
that って「あれ」っていう意味と，関係代名詞の that 以外に
何かあったっけ？

❺の that boy は「あの少年」っていう意味になるんじゃな
い？ だとすると，その前の❹の that は関係代名詞で，さらに
前の❸の that を後ろから説明しているってことかな。

関係代名詞が説明してるなら，❸の that は名詞だよね。とすると，残った❷の that は
「あの」っていう意味で，❸を修飾するしかないよね。

その考え方で正解だよ!! 答えの日本語訳はこんな感じだよ。おもしろかったら，ほかの
友達ともやってみてね。

POINT

I think (that) that "that" (that) that boy wrote is wrong.

　　　　接続詞　「あの "that"」　　関係代名詞「あの少年が書いた」

答え 「私は，あの少年が書いたあの **"that"** はまちがっていると思う」

（　）や " " をつけると，英文の構造がわかりやすくなるね！

このクイズ，おもしろいし勉強にもなるね！ ほかの友達にも出してみようっと。

COLUMN

146

Q&A 14 中3の模試でE判定なら，志望校を変えるべき？

コハル

すばる先生，こないだの模試でE判定だったんだ。もう中3だし，志望校のレベルを下げたほうがいいのかな？

すばる先生

コハルさん，ぼくはできるだけ変えないことをおすすめするよ。

どうして？

志望校を変えると，勉強に対してのモチベーションが下がり，やる気が弱まってしまう。

また，少し下のランクの学校に変えると気持ちに余裕がうまれ，これまで少しの時間も無駄にしないよう努力してきたのに，だらだらする時間がふえてしまう。
その結果，勉強中も集中力がそがれて，最終的に余裕だったはずの学校にも届かなくなってしまうことがあるんだよ。

それは嫌だな。もう少しねばってみる！

いっせー先生

COMMENTS

まあ，ぼくみたいに「偏差値35」から東大に受かったやつもいるんだから，大丈夫さ！ がんばれ！ 最後まであきらめなければ，きっと成績は上がると思うよ。

「～することは難しい」ってどう書くの？

音声を
聞こう

It is hard for me to study alone.

1人で勉強するのは私には大変です。

46

 やっぱりこうやってみんなといっしょに勉強してるほうがやる気がでるなー。1人で勉強するのって，けっこう大変なんだよね。

 ミウさんやショウくんにもいい刺激（しげき）になってるよ。ところでコハルさん，「1人で勉強するのは私には大変です」を，to 不定詞を使って言ってみてもらえるかな？

 えっと，主語は「1人で勉強すること」だから，To study alone is hard for me. かな？

 Good! 不定詞の名詞的用法だね。それも正解なんだけど，実は英語では，主語が長い「頭でっかち」の文はあまり好まれないんだ。

 そう言われても，主語が長くなっちゃうことってあるよね。

 そうだね。そんなときに使える「形式主語」っていうワザがあるんだ。文の意味は変わらないけど，よりこなれた英文になるよ。今回の例文で説明するね。

To study alone is hard for me.
↓
It is hard for me to study alone.
形式主語　　　　　　　　　　　　真主語

（私にとって1人で勉強するのは大変です）

STEP 1
主語になっている to 不定詞を It に置きかえる。

STEP 2
主語だった to 不定詞を文末に置く。

 長い to 不定詞の主語を形式主語の it に置きかえて，その長い主語は文の後ろにもっていくのね。

 そう。it は形式的なものだから「形式主語」ともよばれるよ。It is ... (for —) to ～ . の形で「（—にとって）～することは…である」という意味になるんだ。形式主語の it を「それは」って訳さないように気をつけてね。

 「—にとって」を意味する for — は，必要なければ入れなくてもいいのね。

STEP 1 次の文の( )内の正しいほうを選び，◯で囲みなさい。

1 私にとってダンスをすることは難しいです。

It is （ for me difficult / difficult for me ） to dance.

2 ギターをひくことは簡単ではありません。

It's not easy （ to play / for play ） the guitar.

3 <ruby>高齢者<rt>こうれい</rt></ruby>にとってインターネットを使うのは難しいです。

It is hard for old people （ use / to use ） the Internet.

STEP 2 次の日本文に合うように，（ ）内の語句を並べかえなさい。

1 その男の子にとって自転車に乗ることは簡単でした。

It was easy （ a bike / ride / for / to / the boy ）.

It was easy _____.

2 うそをつくことはよくありません。

（ good / to / is / it / not ） tell a lie.

_____ tell a lie.

3 私にとって早起きすることは難しいです。

It is difficult （ get up / me / early / for / to ）.

It is difficult _____.

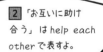
3「早起きする」は get up early で表すよ。

STEP 3 次の日本文を英語に直しなさい。

1 ほかの人たち (other people) といっしょに歌うのは楽しいです。

It is fun _____.

2 お<ruby>互<rt>たが</rt></ruby>いに助け合うことは大切 (important) です。

It is _____ each other.

2「お互いに助け合う」は help each other で表すよ。

3 私にとって，ほかの国々について学ぶ (learn about) ことはおもしろいです。

It is interesting _____.

4 あなたにとって英語を話すことは簡単ですか。

Is it _____?

「（人）に～してほしい」ってどう書くの？

音声を聞こう

We want you to help us.

あなたに私たちを助けてほしいです。

47

 先生と勉強するの，もうすぐ終わりって本当？ せっかく英語が楽しくなってきたのに…。私たちにはまだ，すばる先生の助けが必要なんだけど…。

 Thank you, Miu. でも，日本中にもっと学びの輪を広げるのがぼくの夢なんだ。I want you to understand.（君たちにはわかってほしい）

 …すばる先生，なんかかっこよさそうなことを言いながら，例文をぶちこんできました？

 正解！ 今回は「～したい（want to ～）」の応用で，「（人）に～してほしい（want ＋（人）＋ to ～）」という表現を勉強するよ。2つを比較（ひかく）した下の例文を見てくれる？

I want　　**to be happy.**
（私は幸せになりたいです）

I want you **to be happy.**
（私はあなたに幸せになってほしいです）

- - - - - - - - - - - - - - - - - - -

They don't want　　**to give up.**
（彼（かれ）らはあきらめたくありません）

They don't want us **to give up.**
（彼らは私たちにあきらめてほしくありません）

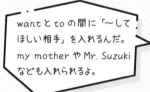 want と to の間に「～してほしい相手」を入れるんだ。my mother や Mr. Suzuki なども入れられるよ。

 なるほど。〈want ＋（人）＋ to ＋動詞の原形〉で「（人）に～してほしい」って言うことができるんだね。

 want のあとに代名詞を入れるときは，I や we じゃなくて me や us みたいに【目的格】の形にするのもポイントだよ。下に代名詞の目的格を挙げておくね。

私に	**me**	私たちに	**us**
あなたに	**you**	あなたたちに	**you**
彼に	**him**	彼らに	
彼女（かのじょ）に	**her**	彼女らに	**them**
それに	**it**	それらに	

単数 ／ ＼ 複数

✏ 練習問題 |

STEP 1 次の文の（　　）内の正しいほうを選び，○で囲みなさい。

3 want の あと の代名詞は【目的格】にするよ。

1 あとで（あなたから）私に電話してほしいです。

I want （　to / you to　） call me later.

2 私はあなたにあきらめてほしくありません。

I don't want you （　to give up / give up　）.

3 あなたは私にあなたのかばんを持ってほしいですか。

Do you want （　I / me　） to carry your bag?

STEP 2 次の日本文に合うように，（　　）内の語句を並べかえなさい。

1 私はあなたにいっしょに来てほしいです。

（ to / come / want / you / I ） with me.

_____ with me.

2 私は彼に私のことについて心配しないでほしいです。

（ worry / him / I / to / don't / want ） about me.

_____ about me.

3 ショウはお母さんに昼食をつくってもらいたいです。

（ his mother / Sho / to / lunch / wants / make ）.

_____ .

STEP 3 次の日本文を英語に直しなさい。

1 私たちはあなたに戻ってきて（come back）ほしいです。

_____

2 私は彼女にそのサッカーチームに加わって（join）ほしいです。

_____

3 「（人）に～してほしくない」は〈don't want ＋（人）＋ to ～〉で表すよ。

3 私はあなたに泣いてほしくありません。

_____

4 私はあなたにその窓を開けてほしいです。

_____

相手に何かをさせるときはどう言うの？

音声を聞こう

I will always help you learn.

ぼくはいつでも君たちが学ぶのを助けるよ。

48

 あー，これから自分1人でちゃんと英語の勉強できるか，心配だなあ。

 ショウくん，君には仲間がいるし，ぼくだってすぐネットでつながれる。I will always help you learn!（ぼくはいつだって君たちが学ぶのを助けるよ！）

 先生，ありがとう。ところでこの例文，ちょっと変じゃない？ help っていう動詞があるのに，最後にまた learn っていう動詞がある。初めて見る形だね。

 そういうショウくんの学ぼうとする姿勢，すごくいいね。それでこの learn なんだけど，先にタネ明かしすると「原形不定詞」ってよばれるものなんだ。前に「to 不定詞」は習ったよね？

 うん。〈to＋動詞の原形〉のことでしょ？

 That's right! で，to がつかない不定詞のことを「原形不定詞」ってよぶんだ。形はただの動詞の原形なんだけどね。数は多くないけど，今回の例文みたいに「原形不定詞」を使う表現があるから，今回はそれを見ていこう。

> I helped my brother do his homework.
> （私は弟が宿題をするのを手伝いました）
>
> My mother let me buy a new game.
> （母は私に新しいゲームを買わせてくれました）

 ◻️ で囲った語が「原形不定詞」だよ。

 let は過去形も let なんだね。

 help のほうは〈help＋（人）＋動詞の原形〉で「（人）が〜するのを助ける［手伝う］」，let のほうは〈let＋（人）＋動詞の原形〉で「（人）に〜させてあげる」っていう意味になるんだね。

 どっちも「原形不定詞」の動作をするのは，その直前の名詞の人なのね。文の主語とは別の人ってところがポイントだね。

 help や let のあとの語が人を表す代名詞のときは，【目的格】の形にする必要があるよ。【目的格】を忘れちゃってたら，前回の〈want＋（人）＋to 〜〉に戻って確認してね。

STEP 1 次の文の（　　）内の正しいほうを選び，◯で囲みなさい。

1 母は私がテストの勉強をするのを手伝ってくれました。

My mother helped（　me study ／ I study　）for the test.

2 それについて考えさせてください。

（　Let ／ Let's　）me think about it.

3 彼は年をとった女性が道路を横断するのを手伝いました。

He helped the old woman（　cross ／ crosses　）the road.

STEP 2 次の日本文に合うように，（　　）内の語句を並べかえなさい。

1 あなたに私の電話番号をお知らせします。

（ know ／ I ／ you ／ will ／ let ）my phone number.

_____ my phone number.

1 let you know「あなたに知らせる」はよく使われる let の表現だよ。

2 あなたは彼女がドアを開けるのを手伝えます。

You can（ the door ／ help ／ her ／ open ）.

You can _____.

3 私のネコをあなたにお見せしましょう。

Let（ my cats ／ show ／ me ／ you ）.

Let _____.

STEP 3 次の日本文を英語に直しなさい。

1 私が宿題（my homework）をするのを手伝ってください。

Please _____.

2 ショウは彼の妹に彼の辞書を使わせてあげました。

2 let の過去形は let だよ。

_____ his dictionary.

3 私はあなたがあなたの部屋を掃除するのを手伝います。

I'll _____.

4 私の父は私に新しい靴（new shoes）を買わせてくれないでしょう。

My father won't _____.

使役動詞（make/have/let）を一挙紹介

SUBARU

■使役動詞（ make / have / let ）

make＋（人）＋動詞の原形：「（人）に〜させる」（強制）

have＋（人）＋動詞の原形 ：「（人）に〜してもらう」（義務・依頼）

let＋（人）＋動詞の原形　：「（人）に〜させてあげる」（許可）

相手に何かをさせる意味を表す動詞を「使役動詞」とよぶんだ。
let は習ったと思うけど，その仲間に make と have があるよ。どんなちがいがあるかを
いっしょに見てみよう。

make	例 父は（強制的に）彼に買い物に行かせた。 My father made him go shopping.
have	例 父は（義務や依頼として）彼に買い物に行ってもらった。 My father had him go shopping.
let	例 父は（許可して）彼に買い物に行かせてあげた。 My father let him go shopping.

強

強制力

弱

make はすごく強制力が強いんだね。このお父さんは，かなり厳しそう。

have はもう少し，相手にたのんでる感じがするね。

同じ使役動詞といっても，3つの文の印象はずいぶんちがうね。

そうだね。これらの使役動詞は中学では習わないものもあるから，豆知識として覚えてお
いてほしいな。
でも英語は日本語と同じく，ことばだから，もっと知りたくなったらどんどん調べてみる
と，きっと楽しくなるよ！

もっと英語を勉強して使えるようになりたい！ こんな気持ち
になれたのは，先生のおかげだよ。すばる先生ありがとう！

どんな態度や心がけの人が
合格しやすい？

コハル

> すばる先生，こういう人が合格しやすいっていう，態度とか，心がけとかってある？

すばる先生

> コハルさん，合格しやすいかどうかは別として，こういう人の成績は伸びるなって思うことはあるね。

> へえ，どんな人？

> 一言でいえば，謙虚な人かな。
> 学校や塾で先生に質問するとき，勉強する前から「どうしたら成績が上がりますか？」という漠然とした質問をするんじゃなくて，「いろいろな方法を試したんですが，どうしてもこういう問題が苦手で」みたいに，やってみてつまずいたことについて質問する人。そういう質問なら，先生も親身になって答えやすいんだ。

> そして，教えてもらったことを謙虚な姿勢で受け止め，まずは言われたことをやってみる。そういう人の成績は伸びやすいよ。

> なるほど。目指してみようかな。

でんがん先生

COMMENTS

謙虚になるって，ことばでは簡単に言えるけど，けっこう難しいよね。ぼくも，高校生くらいのときは「自分が正しい」って思いすぎて，失敗したこともあったなぁ。しっかり周りの人の言うことを聞くのも大事だってことだね。

ありえないことを仮定するには？

If I were alive, I would build another Disneyland!

  音声を聞こう

生きていたら，もう１つディズニーランドをつくるのに！

49

 やっぱりこの人だった！ ネズミとかお城とかでてきたときになんとなくわかっちゃった。

 みんなわかった？ 今までのヒント忘れちゃってたら，HINTマークのついた例文を見返してみてね。にしても，ついに「仮定法」まで来たよ。みんながんばってついてきたね。

 「仮定法」，難しそうだけど絶対マスターしたい！「もしも〜なら」って仮定する表現だと思えばいいのかな？

 方向性は OK だけど，それだけだとちょっと説明が足りないかな。たとえば次の２つの文を見比べてみてくれる？ 下の文が「仮定法」だよ。

> 上は「起きる可能性がある」ときの文，下は「まずありえないことを仮定する」文だよ。

If it |snows| tomorrow, I |will go| skiing. 【直説法】
（もし明日雪が降ったら，スキーに行くつもりです）
If it |snowed| tomorrow, I |would go| skiing.【仮定法】
（もし明日雪が降ったら，スキーに行くでしょうに）

 日本語だけ読んでもピンとこないんだけど，上の文はたとえば冬に雪が降るかもしれない状況で，下の文はたとえば夏で，雪は絶対ありえない状況で言ってるってこと？

 Exactly!「仮定法」は現実とちがうことや，起こりそうもないことを仮定するときに使うんだ。基本の形は〈If＋主語＋動詞の過去形〜，主語＋助動詞の過去形 would［could］＋動詞の原形〜.〉だよ。

If I had enough time, I could go abroad.
（もし私に十分な時間があれば，外国に行けるのに）
If I were Subaru, I would be a doctor.
（もし私がすばる先生なら，医者になるでしょうに）

POINT
①If で始まる節の動詞は過去形。
②「〜する［できる］でしょうに」は〈would［could］＋動詞の原形〉。
③ be 動詞の過去形は常に were。

---

 be 動詞の過去形を常に were にするのは，気をつけないと忘れそう！ あと，過去形を使って表すけど，あくまで「現在」の話なのよね。過去形で訳さないようにしないとね。

✎ 練習問題

STEP 1 次の文の（　　）内の正しいほうを選び，○で囲みなさい。

> If 節の中の動詞は過去形だよ。

① もし私が今ひまなら，私は自分の机を片付けるでしょうに。

If I were free now, I （　will ／ would　） clean my desk.

② もしあなたがひまなら，私はあなたとテニスをするでしょうに。

If you （　are ／ were　） free, I would play tennis with you.

③ もし私に時間があれば，すべての動画を見られるのに。

If I （　had ／ would have　） time, I could watch all the videos.

STEP 2 次の日本文に合うように，（　　）内の語句を並べかえなさい。

① もし今日，晴れていたら，私たちはキャンプに行けるのに。

（ were ／ today ／ if ／ it ／ sunny ）, we could go camping.

_____, we could go camping.

② もし私がニューヨークに住んでいたら，私は毎日その劇場に行くでしょうに。

If I lived in New York, （ the theater ／ to ／ I ／ go ／ would ） every day.

If I lived in New York, _____ every day.

③ もし私が頭痛でなかったら，私は買い物に行くでしょうに。

（ didn't ／ I ／ have ／ if ／ a headache ）, I would go shopping.

_____, I would go shopping.

STEP 3 次の日本文を英語に直しなさい。

① もし私が赤ちゃんだったら，一日中寝ているでしょうに。

_____, I would sleep all day.

> ① ② ④ be 動詞の過去形は，主語に関係なく常に were を使うよ。

② もし彼がここにいたら，彼は私を助けてくれるでしょうに。

_____, he would help me.

③ もし私がたくさんのお金を持っていたら，月 (the moon) に旅行できるのに。

If I had a lot of money, _____.

④ もし私があなたなら，私は彼女に話しかける (talk to) でしょうに。

_____

ありえない望みを言うには？

I wish I didn't have to say goodbye.

音声を聞こう

さよならを言わずにすめばいいのに。

50

 I wish I didn't have to say goodbye.（さよならを言わずにすめばいいのに）
これが君たちへの最後のメッセージだよ。

 まさに今の状況にぴったりの例文ですね。これも仮定法なんですか？ 前回とは文の形が全然ちがうし，would とかも入ってないけど。

 これもれっきとした仮定法の文だよ。〈I wish ＋主語＋（助）動詞の過去形～ .〉の形で，I wish に続く文の動詞[助動詞]が過去形になっているところがポイントだね。

 どういうときに使うんですか。

 まず実現しないような願望を表すときに使う表現だよ。「（実際には起こらないだろうけど）～ならいいのに」という気持ちを表すんだ。

 それ，3人それぞれでつくってみない？ 最初に「今，自分にないもの」を言って，次に「それがあればいいのになぁ」っていう文をつくるの。まずはショウからね。

 I don't have a computer.（ぼくはコンピュータを持っていません）
→ **I wish I had a computer.**（ぼくがコンピュータを持っていればなあ）
 I can't run fast.（私ははやく走れません）
→ **I wish I could run fast.**（私がはやく走れればいいのになあ）
 I am not good at cooking.（私は料理が得意ではありません）
→ **I wish I were good at cooking.**（私が料理が得意ならいいのになあ）

 すごいな，3人とも。仮定法では（助）動詞が過去形になる，とくに be 動詞の過去形が常に were になるっていうのも，ちゃんとマスターできてるね！

 すばる先生，今日までありがとうございました。
これからも楽しく学び続けられるよう，がんばります！

 みんなもファイトだよ！ ちなみに「謎の人」クイズの正解は
「ウォルト・ディズニー」でした。みんなわかったかな？

まかせて！

✐ 練習問題

STEP 1 次の文の（　　）内の正しいほうを選び，◯で囲みなさい。

I wish に続く文の（助）動詞は過去形だよ。

① 私に妹がいればいいのに。

I wish I （　have / had　） a sister.

② 彼が車を持っていればいいのに。

I wish he （　has / had　） a car.

③ （私が）今日，家にいられればいいのに。

I wish I （　stay / could stay　） home today.

STEP 2 次の日本文に合うように，（　　）内の語句を並べかえなさい。

① （私が）上手に歌えればいいのに。

I wish （ well / sing / I / could ）.

I wish _____.

② 私が大学生だったらいいのに。

I wish （ university student / I / a / were ）.

I wish _____.

③ （私が）小学校に戻れればいいのに。

（ I / I / go / could / back / wish ） to elementary school.

_____ to elementary school.

STEP 3 次の日本文を英語に直しなさい。

① 私がお金持ち（rich）ならいいのに。

_____

② 私が彼の名前を知っていればいいのに。

④ 「〜が得意である」は be good at 〜で表すよ。

_____

③ あなたがここにいればいいのに。

_____

④ 私が英語が得意ならいいのに。

_____

まとめ⑩テスト

得点

／100

解答解説 ▶▶ 別冊 31 ページ

① 次の日本文に合うように，_____ に適する語を書きなさい。

4点×5（20点）

(1) 私が昨晩食べたお寿司は，おいしかったです。

The sushi _____ I had last night _____ good.

(2) あなたは韓国語を話せる人をだれか知っていますか。

Do you know anyone _____ _____ speak Korean?

(3) 十分な睡眠をとることは大切です。

It is _____ _____ get enough sleep.

(4) 私はあなたにこの部屋を掃除してほしい。

I want _____ _____ clean this room.

(5) もし私があなたなら，もっと気をつけるのに。

If I _____ you, I _____ be more careful.

② 次の英文を日本語に直しなさい。

7点×4（28点）

(1) I have a friend that lives near my house.

(　　　　　　　　　　　　　　　　　　　　　　　　　）

(2) It is interesting for us to learn about American culture.

(　　　　　　　　　　　　　　　　　　　　　　　　　）

(3) Please let me know your schedule.

(　　　　　　　　　　　　　　　　　　　　　　　　　）

(4) I wish I could speak English like you.

(　　　　　　　　　　　　　　　　　　　　　　　　　）

----

① (1)時制に注意。現在形ではなく過去形。
(5)仮定法は，「もし…なら」の部分の動詞を過去形にし，「〜するのに」の部分は〈would＋動詞の原形〉で表す。
② (4)〈like＋名詞〉で「〜のように」という意味。

③ 次の日本文に合うように，（　　）内の語句を並べかえなさい。 5 点 × 4（20 点）

(1) あなたは中国語を教えられる先生を知っていますか。

(you / can / a teacher / who / teach / do / know) Chinese?

_____ Chinese?

(2) あなたといっしょにいるのは，私にとって楽しいです。

It (fun / to / for / be / with you / me / is).

It _____.

(3) 私が英語でメールを書くのを手伝ってくれますか。

(help / write / an email / in English / can / me / you)?

_____?

(4) もし私が答えを知っていれば，あなたに教えるのに。

If (would / I / tell / the answer / I / knew / you / ,).

If _____.

④ 次のような状況のとき，英語で何というか，書きなさい。 8 点 × 4（32 点）

(1) 相手に「先週買った（bought）カメラを見せてほしい」とたのむとき

Show me _____.

(2) 相手に「ここで泳ぐことは危険だ（dangerous）」と伝えたいとき

_____

(3) 相手に「この仕事（job）をやらせてほしい」とたのむとき

Let _____.

(4) 相手に「もし自分に時間があれば，いっしょに行けるのに」と伝えたいとき

_____

----

④ (1) 〈show + (人) + (もの)〉で「(人)に(もの)を見せる」。
(3)「この仕事を(私に)させてください」と言いかえてみる。
(4)「時間がある」は have time で表現する。

不規則動詞の変化表

音声を
聞こう

51

 英語は「文字×音」で覚えるもの！ リズムにのって発音しながら覚えよう。

A−A−A 型　原形と過去形と過去分詞がすべて同じ形

	意味	原形 A	過去形 A	過去分詞 A	現在分詞
1	切る	cut	cut	cut	cutting
2	打つ	hit	hit	hit	hitting
3	傷つける	hurt	hurt	hurt	hurting
4	置く	put	put	put	putting
5	読む	read	read	read	reading
6	配置する	set	set	set	setting

A−B−A 型　原形と過去分詞が同じ形

	意味	原形 A	過去形 B	過去分詞 A	現在分詞
7	来る	come	came	come	coming
8	走る	run	ran	run	running
9	～になる	become	became	become	becoming

A−B−B 型　過去形と過去分詞が同じ形

	意味	原形 A	過去形 B	過去分詞 B	現在分詞
10	持ってくる	bring	brought	brought	bringing
11	建てる	build	built	built	building
12	買う	buy	bought	bought	buying
13	つかまえる	catch	caught	caught	catching
14	感じる	feel	felt	felt	feeling
15	見つける	find	found	found	finding
16	忘れる	forget	forgot	forgot[forgotten]	forgetting
17	得る・～になる	get	got	got[gotten]	getting
18	持つ	have	had	had	having
19	聞く	hear	heard	heard	hearing
20	抱く	hold	held	held	holding
21	保つ・飼う	keep	kept	kept	keeping
22	離れる・去る	leave	left	left	leaving
23	貸す	lend	lent	lent	lending

	意味	原形 A	過去形 B	過去分詞 C	現在分詞
24	失う	lose	lost	lost	losing
25	つくる	make	made	made	making
26	会う	meet	met	met	meeting
27	払う	pay	paid	paid	paying
28	言う	say	said	said	saying
29	売る	sell	sold	sold	selling
30	送る	send	sent	sent	sending
31	座る	sit	sat	sat	sitting
32	眠る	sleep	slept	slept	sleeping
33	過ごす・費やす	spend	spent	spent	spending
34	立つ	stand	stood	stood	standing
35	教える	teach	taught	taught	teaching
36	話す・教える	tell	told	told	telling
37	思う・考える	think	thought	thought	thinking
38	理解する	understand	understood	understood	understanding
39	勝つ	win	won	won	winning

A−B−C 型　原形と過去形と過去分詞がすべてちがう形

	意味	原形 A	過去形 B	過去分詞 C	現在分詞
40	～である	be（現在形：am/is）	was	been	being
41	～である	be（現在形：are）	were	been	being
42	する	do	did	done	doing
43	行く	go	went	gone	going
44	かく	draw	drew	drawn	drawing
45	運転する	drive	drove	driven	driving
46	食べる	eat	ate	eaten	eating
47	落ちる	fall	fell	fallen	falling
48	飛ぶ	fly	flew	flown	flying
49	あたえる	give	gave	given	giving
50	成長する	grow	grew	grown	growing
51	知る	know	knew	known	knowing
52	見る	see	saw	seen	seeing
53	取る	take	took	taken	taking
54	投げる	throw	threw	thrown	throwing
55	書く	write	wrote	written	writing
56	こわす	break	broke	broken	breaking
57	話す	speak	spoke	spoken	speaking
58	始める	begin	began	begun	beginning
59	飲む	drink	drank	drunk	drinking
60	歌う	sing	sang	sung	singing
61	泳ぐ	swim	swam	swum	swimming

中学生のみんなへ伝えたいこと

—— 高校受験へ向けて大変だったことは？

高校入試に出る五教科は，ちゃんと勉強すれば成果は出やすい。勉強すればするだけ結果につながっていく。だけど，家庭科や美術の内申点を上げるのはなかなか難しい。それがいちばん苦しかったな。こういう教科は，授業をちゃんと聞いて教科書を勉強したところで，内申点がよくなるとは限らない。内申点も重要だけど，そこはあまり気にしすぎないで，五教科の勉強を中心にやるのがいいと思うよ。

—— どうしたら勉強へのモチベーションを上げられる？

ほかの人の受験ストーリーを知ると，モチベーションアップにつながると思う。

ぼくの場合は，合格体験記を読むことで刺激を受けていたよ。勉強している環境とか，苦手な科目とか，自分と似ているところがある人の合格体験記を読むと，参考になることが多い。

会ったことのない人だけど，その人をライバルにしてもいいし，仲間だと思ってもいい。

PASSLABOで東大合格までのストーリーを語った動画は200万回再生をこえた

いずれにしても，自分の背中を押してくれるような合格体験記を探してみよう。

—— 志望校が決められない！ どうやって選んだらいい？

制服があるかないか，校則が厳しいかゆるいかなど，ある程度の基準を設けて，通える範囲の高校の情報を集めてみたらどうかな。もし，きみが入学してから，高校選びを失敗したと思うことがあっても，自分次第でいくらでも行きたい大学へ進学することはできるから，そんなに悩みすぎないで。

でも，周りがみんな進学するつもりがなく，放課後は集まって遊ぶ人が多い環境の中で，「自分は勉強するぞ」と貫くのはなかなか大変。周りがみんな勉強をがんばっていて，学校も進学に力を入れているところだったら，自然と勉強に集中しやすくなる。自分がどういう高校生活を送りたいか，イメージしてみて！

—— 受験に友達は必要？ 友達といっしょに勉強してもいい？

ぼくは，受験は団体戦だと思うタイプ。成績が上がらなくてつらいときにひとりだと，休日にわざわざ自習室へ行って勉強するのが嫌になっちゃう。だけど，今日も友達が自習室

高校受験に勉強を向けてがんばるみんなに，すばる先生が大切なことをたくさん教えてくれたよ。
きみの悩み（なや）を解決するヒントが見つかるかも！

に行っていると思うと，やっぱり行こうという気になる。「あいつもがんばってるし，ぼくもがんばるか」という相乗（そうじょう）効果になるなら，いっしょに勉強したっていい。
そんなふうにお互（たが）いに力を借りつつ，いっしょに高め合えるような仲間がいてくれるといいと思うな。

PASSLABO 登録者数 10 万人を突破したとき，銀の盾（たて）を囲むメンバー（いちばん左がすばる先生）

――― **成績やテストの結果など，人と比べて落（お）ち込んでしまう。乗り越えるには？**

勉強に限らず，中学時代はそういうところがあるけど，受験期はとくに思いがちだよね。「ほかの人と比べて自分は全然できていない」とか。
時には人と比較（ひかく）することがよい刺激になることもあるけど，受験に関しては自分基準でがんばってほしい。昨日よりちょっとがんばれたとか，前はつっかかっていた問題がちゃんと解けるようになったとか。小さいことでも成長したと思えるような，そういう気持ちを大切にしてほしいな。そうしているうちに，どんどん前向きになってくるよ。

――― **受験のことを考えると，今からとにかく不安。自信をもつには？**

高校受験が初めての受験という人も多いだろうし，いろいろと不安だよね。そういうときは，ひとりで抱（かか）え込まないで，身近な信頼（しんらい）できる人に相談したほうがいい。勉強法についても，学校の先生や塾（じゅく）の先生など，信頼できる人から言われた方法をまずは素直（すなお）に試（ため）してみよう。
実際にやってみることで，次はどうしたらいいかが見えてくるから。迷ったらまた，だれかに相談すればいい。すぐには結果が出なくても，まずはやってみた時点で，自分をほめてあげて。そうして少しずつ積み重ねていけば，だんだん自信がわいてくるよ。

ショウ
受験は，人と比べるんじゃなくて自分基準でいいのか。やる気が出てきたぞ！

ミウ
受験は団体戦（せん）っていいね！お互い励（はげ）まし合ってがんばれる友達なら，きっといっしょに合格できるよね。

コハル
高校選びって"重い"と思ってたけど，もう少し気楽に考えてもいいのかも。

さくいん & 用語集

色文字になっているページには、詳しい説明があります。

著者紹介

宇佐見天彗

PASSLABO（YouTube チャンネル）代表。
高校入学時は最下位の成績だったが，独自の勉強法を確立し，地方の公立高校から東京大学理科二類に現役合格。東大 TOP 10 で東大医学部へ進学し，医師の国家試験に合格した。
令和元年にスタートした YouTube チャンネルは，わずか 1 年半で登録者数 20 万人を突破。自身の経験を活かして，勉強法や受験戦略を発信しつづけ，多くの受験生を合格へと導いている。
著書に『現役東大医学部生が教える最強の勉強法』(二見書房)，『東大現役合格→トップ成績で医学部に進学した僕の超戦略的勉強法』(KADOKAWA) などがある。

YouTube：PASSLABO in 東大医学部発「朝 10 分」の受験勉強
　　　　　cafe（@passlabo）
Twitter：@sbr_usami

□ 企画編集　柳田香織

□ 執筆協力　高橋みか

□ 編集協力　㈱カルペ・ディエム　木村由香　坂東啓子　山家泉

□ 英文校閲　Bernard Susser

□ 本文デザイン　齋藤友希／佐野紗希（トリスケッチ部）

□ イラスト　月代

□ 音声　Jeff Manning　Karen Haedrich　宇佐見天彗　河原木志穂

□ 録音スタジオ　㈱ブレーンズギア

□ 監修（認知特性）　本田式認知特性研究所

シグマベスト
すばる先生と学ぶ
中学英語のきほん 50 レッスン

著　者　宇佐見天彗
発行者　益井英郎
印刷所　岩岡印刷株式会社
発行所　株式会社文英堂

〒601-8121　京都市南区上鳥羽大物町28
〒162-0832　東京都新宿区岩戸町17
（代表）03-3269-4231

中学英語の **すばる先生と学ぶ** きほん **50** レッスン

解 答 集

文英堂

1 「私は〜です」ってどう書くの？

be 動詞の肯定文　　▶▶本冊 23 ページ

解答

STEP 1 ① am　② are　③ is

STEP 2 ① I am tired　② name is Sho
③ They are in the gym

STEP 3 ① I am[I'm] hungry.
② You are[You're] very cute.
③ Miu is a junior high school student.
④ My parents are in the kitchen.

解説

STEP 1
② 主語が複数のとき，be 動詞は are を使います。
③ 主語が I と you 以外の単数のとき，be 動詞は is を使います。

STEP 2
② 「彼の名前(his name)」が主語です。
③ be 動詞のあとに場所を表す表現が続くときは，be 動詞は「〜にいる[ある]」という意味になります。

STEP 3
② 主語は You です。You are は You're と短縮できます。
③ 主語の「ミウ(Miu)」は単数なので，be 動詞は is を使います。
④ My parents は複数なので，be 動詞は are を使います。

be 動詞は自己紹介のときによく使うんだ。今回習ったことをふまえて，自分のことを英語で紹介してみよう！

2 「〜ではありません」ってどう書くの？

be 動詞の否定文　　▶▶本冊 25 ページ

解答

STEP 1 ① am not　② is not
③ aren't

STEP 2 ① You are not wrong
② It's not my textbook
③ Sho is not at home

STEP 3 ① I am[I'm] not sleepy.
② They are not[They're not / They aren't] soccer players.
③ English is not[isn't] difficult.
④ She is not[She's not / She isn't] in the classroom.

解説

STEP 1
① not は be 動詞の後ろに置きます。
③ 主語が A and B のように and でつながっているときは，主語が複数あつかいなので，be 動詞を are にします。

STEP 2
② it's は it is の短縮形です。
③ Sho is at home now.(ショウは今，家にいます)を否定文にするときは，be 動詞の is のあとに not を置きます。

STEP 3
① am not の短縮形はありません。
② They are not 〜，They're not 〜，They aren't 〜 の 3 種類の言い方ができます。

短縮形は使っていく中で自然に覚えていくものだよ。They're not や They aren't など，いろいろな文で積極的に使ってみよう。

③ 「あなたは〜ですか」ってどう書くの？

be 動詞の疑問文 　　　　　　　▶▶ 本冊 27 ページ

解答

STEP 1
1 Is　　2 Are you　　3 I am

STEP 2
1 Are you a teacher
2 Is the drama interesting
3 Is she your classmate

STEP 3
1 Are you happy?
2 Is Sho a student?
3 Are they famous artists?
4 Is the room quiet?

解説

STEP 1
3 Are you 〜?（あなたは〜ですか）と聞かれたときは，I am 〜.（私は〜です）で答えます。You are 〜.（あなたは〜です）と答えないようにしましょう。

STEP 2
2 The drama is interesting.（そのドラマはおもしろいです）の疑問文なので，**主語の the drama と be 動詞の is を入れかえ**ます。

STEP 3
1 you は単数でも be 動詞は are です。
2 Sho is a student. の疑問文なので，Sho と is を入れかえます。
3 famous artists は複数なので，前に a はつけません。
4 The room is quiet.（その部屋は静かです）の疑問文と考えます。

STEP 3 でちゃんと文末に「?」は書いたかな？ 日本語の文末は「。」だけど，英語では文末に「?」をつけることを忘れずに！

④ 「私は〜をします」ってどう書くの？

一般動詞（他動詞） 　　　　　　▶▶ 本冊 31 ページ

解答

STEP 1
1 know　　2 like apples　　3 I

STEP 2
1 You need water
2 I have a sister
3 I play the piano

STEP 3
1 They speak Japanese.
2 I want a bike.
3 I have two brothers.
4 I usually eat rice.

解説

STEP 1
1 am（be 動詞）と know（一般動詞）はいっしょに使いません。
3 I'm は I am の短縮形です。am は be 動詞なので，一般動詞の study とはいっしょに使いません。

STEP 2
2 「（兄弟姉妹）がいる」というときは，have を使います。sister は単数なので，前に a をつけます。

STEP 3
2 数えられる名詞の bike（自転車）の前には「1 つの」を意味する a をつけます。日本語では，わざわざ「1 つの」とは書かないことが多いですが，英語では a が必要です。
4 「ふつうは」という意味の **usually は，頻度を表す副詞で，ふつう動詞の前**に置きます。

usually や often などの頻度を表す動詞はテストで問われることが多いよ。これからも出てくるたびに確認しておこう！

5 「私は〜に行きます」ってどう書くの？

一般動詞（自動詞）　　　　　　▶▶ 本冊 33 ページ

解答

STEP 1
① listen to　　② think about
③ work at

STEP 2
① You often smile at me
② People look at me
③ They swim in the sea

STEP 3
① I run to school.
② You live in Osaka.
③ They go to America every year.
④ We sleep every night.

解説

STEP 1
① 「〜を聞く」は listen to 〜 で表します。
② about は「〜について」という意味の前置詞です。
③ at は「〜で」と場所を表す前置詞です。

STEP 2
① often は「よく，しばしば」という意味の副詞で，動詞の前に置きます。
② 「〜を見る」は look at 〜 で表します。

STEP 3
① 到達点を表す前置詞の to（〜まで）を使って，run to 〜（〜まで走る）で表します。
② 「〜に住んでいる」は live in 〜 で表します。
③ 「〜に行く」は go to 〜 で表します。every year のように時を表す語句は，文の終わりに置きます。

前置詞とセットで使われる動詞は音読しながら覚えよう。そうすれば，listen to 〜，look at 〜 などが，自然と出てくるようになるよ！

6 don't って何者 !?

一般動詞の否定文　　　　　　▶▶ 本冊 35 ページ

解答

STEP 1
① do not　　② do not
③ don't

STEP 2
① We don't have a dog
② They don't eat breakfast
③ I do not like tomatoes

STEP 3
① I do not[don't] enjoy sports.
② They do not[don't] speak Japanese.
③ We do not[don't] know your name.
④ You do not[don't] clean your room.

解説

STEP 1
① drink（飲む）は一般動詞なので，**否定文にするときは，前に do not か don't を入れます**。
③ have は一般動詞なので，**be 動詞の are とはいっしょに使いません**。

STEP 2
③ 選択肢に don't がないので，do not を動詞の like の前に置く形にします。

STEP 3
① sports は複数なので，前に a はつけません。
② Japanese（日本語）は数えられない名詞なので，前に a はつけません。

do や don't の do は動詞の前につく「助動詞」と覚えておこう。あとで助動詞を習うときにも，思い出せるようにしておいてね！

7 「あなたは〜しますか」って どう書くの?

一般動詞の疑問文　▶▶本冊 37 ページ

STEP 1
1 Do we　2 Do　3 I do

STEP 2
1 Do you know this book
2 Do they drink Japanese tea
3 Do you take a bath every day

STEP 3
1 Do you cook dinner?
2 Do Sho and Miu walk to school?
3 Do they travel every year?
4 No, they do not[don't].

解説

STEP 1
2 use(使う)は一般動詞なので, 疑問文にするときは, **文の初めに Do** を置きます。
3 Do で始まる疑問文には, 〈Yes, + 主語 + do.〉または〈No, + 主語 + don't[do not].〉で答えます。

STEP 2
3 「ふろに入る」は take a bath で表します。every day(毎日)のように**時を表す語句は, 文の終わり**に置きます。

STEP 3
1 dinner(夕食)は数えられない名詞なので, 前に a はつけません。
2 Sho and Miu がまとめて主語になります。
4 3 と同じ they が主語になります。

文末で「毎日」と表現したいとき, *everyday* か *every day* かで迷う人が多いみたい。2 語になる後者が正解。気をつけてね!

8 「〜して」「〜しないで」って どう言うの?

一般動詞の命令文　▶▶本冊 39 ページ

STEP 1
1 sit　2 Don't　3 Stay here

STEP 2
1 Wash your hands
2 Look at the whiteboard
3 Don't swim in this river

STEP 3
1 Clean your room.
2 Don't run in the library.
3 Go to bed at ten (o'clock).
4 Don't touch this picture.

解説

STEP 1
1 「〜しなさい」「〜してください」という命令文には, **主語の you を入れません**。
2 否定の命令文は, **文頭に Don't** を置きます。
3 命令文は**動詞で文を始めます**。here は「ここに」という意味の副詞です。

STEP 2
1 手を洗うときは, ふつう両手を洗うので, 複数形の hands を使います。
2 特定のホワイトボードのことを指しているので, whiteboard の前に the をつけます。

STEP 3
3 「10 時に」は at ten, または at ten o'clock で表します。
4 **「〜してはいけません」は否定の命令文 Don't 〜.** で表します。

命令文は, 駅や乗り物で見かける看板や標識に書かれていることも多いよ。日本語の下に小さく英語で書いてあるから, チェックしてみて!

9 疑問詞ってどう使う？
【be 動詞編】

疑問詞（be 動詞）　　　　　▶▶本冊 41 ページ

解答

STEP **1**
1 Who　　2 When are
3 Which

STEP **2**
1 How is your sister
2 Where is the station
3 What is your dream

STEP **3**
1 What is[What's] that?
2 Who are they?
3 When is your birthday?
4 Whose textbook is this?

解説

STEP **1**
2 When に続く **be 動詞の形は，その次にくる主語に合わせます**。ここでは主語が you なので，are を選びます。

STEP **2**
1 How are you?（（あなたの）調子はどうですか）の主語を your sister に変えたものと考えます。

STEP **3**
1 **What is は What's と短縮**できます。
3 主語は「あなたの誕生日（your birthday）」です。
4 「だれの」のあとに「もの」が続くときは，〈Whose ＋（もの）＋ be 動詞 ＋ 主語 ?〉の形になります。

 疑問詞が使えるようになると，答えは Yes か No ではないので，質問や解答のはばが広がるね！ 返答もできるようにしておこう。

 10 疑問詞ってどう使う？
【一般動詞編】

疑問詞（一般動詞）　　　　　▶▶本冊 43 ページ

解答

STEP **1**
1 What　　2 Where do
3 Which

STEP **2**
1 When do you play games
2 Whose songs do you sing
3 How do you use this book

STEP **3**
1 Who do they like?
2 Where do you live?
3 Which color do you like?
4 What do you have in your hand?

解説

STEP **1**
2 have は一般動詞なので，be 動詞の are とはいっしょに使いません。

STEP **2**
1 **疑問詞のあとに〈do ＋主語＋動詞〜?〉を続ける**のが基本の形です。
2 「だれの」のあとに「もの」が続くときは，〈Whose ＋（もの）＋ do ＋主語＋動詞〜?〉の形になります。

STEP **3**
3 「どちらの」のあとに「もの」が続くときは，〈Which ＋（もの）＋ do ＋主語＋動詞〜?〉の形になります。
4 in your hand のように場所を表す語句は，文の終わりに置きます。

 例文を音読して覚える習慣をつけよう。たとえば whose の使い方も，whose をふくんだ文が言えると，忘れにくくなるよ。

ミス多発！ 3単現って何のこと？

11

3人称単数現在の肯定文　　▶▶本冊47ページ

解答

STEP 1 ① plays　② gets　③ teaches

STEP 2
① My mother sings very well
② Miu watches YouTube videos
③ The sun rises in the morning

STEP 3
① He wants a new bike[bicycle].
② Everyone knows her.
③ He sometimes studies in the library.
④ Sho has a[one] sister.

解説

STEP 1
② 主語と動詞の間に usually があっても，**動詞の形は主語に合わせて** 3人称単数現在形になります。

STEP 2
① very well は「とても上手に」の意味で〈動詞(＋目的語)〉のあとに置いて，動詞を修飾します。
③ sun(太陽)の前には the をつけます。

STEP 3
② everyone(みんな)は単数としてあつかうので，動詞 know には3単現の s をつけます。
③ sometimes のような頻度を表す副詞は，動詞の前に置きます。study は主語の he に合わせて，3人称単数現在形の studies にします。

3単現の s のつけ忘れは，英語の中級者でもやっちゃうことが多いんだ。今のうちから主語が3人称単数かどうかを必ず確認する癖をつけよう！

do の変化形！ does を使うのはどんなとき？

12

3人称単数現在の否定文・疑問文　　▶▶本冊49ページ

解答

STEP 1
① doesn't　② Does
③ she does

STEP 2
① She doesn't eat tomatoes
② Does your mother work on Sundays
③ The train does not stop

STEP 3
① Does the man have a map?
② My father does not[doesn't] cook.
③ Does your sister read comic books?
④ No, she does not[doesn't].

解説

STEP 1
③ ② の英文の主語は Miu なので，答えの文では主語を she(彼女は)に置きかえます。

STEP 2
② 疑問文は，**Does を文頭に置いて，〈主語＋動詞の原形～?〉が続く**形です。
③ 否定文は，**does not[doesn't] を動詞の前に置きます。**

STEP 3
④ ③ の主語は your sister なので，答えの文では主語を she(彼女は)に置きかえます。また，Does ～? の質問なので，does を使って答えます。

on Sunday は「(次の)日曜日」「(この前の)日曜日」，*on Sundays* は「(毎週)日曜日」という意味になるよ。s がつくかどうかで意味が変わるんだね。

13 「今〜しているところ」ってどう書くの？

現在進行形の肯定文　　　　▶▶本冊 53 ページ

解答

STEP
1　① are playing　② are
　　　③ is looking

STEP
2　① We are waiting for the bus
　　　② Koharu is cooking dinner
　　　③ I am talking to you

STEP
3　① The cat is sleeping.
　　　② They are watching a movie.
　　　③ He is reading a newspaper now.
　　　④ The girl is washing her hands.

解説

STEP
1
① 主語のあとに〈be 動詞＋動詞の ing 形〉を続けるのが基本の形です。
③ 「〜を見ています」は look at 〜（〜を見る）を〈be 動詞＋動詞の ing 形〉の形にします。

STEP
2
① 「〜を待っています」は wait for 〜（〜を待つ）の現在進行形。
③ 「〜に話しかけています」は talk to 〜（〜に話しかける）の現在進行形。

STEP
3
③ now のような**時を表す副詞は，ふつう文の終わり**に置きます。
④ 「自分の手」は「彼女の手」と考えます。

You are reading this textbook.（君たちはこの教科書を読んでいます）　ちょうどみんながやっていることを書いてみたよ。現在進行形で書けるわかりやすい例だね。

14 「今〜している？」ってどう書くの？

現在進行形の否定文・疑問文　　　▶▶本冊 55 ページ

解答

STEP
1　① not singing　② Are
　　　③ they aren't

STEP
2　① Are you using gloves
　　　② Miu is not taking pictures
　　　③ My father is not driving a car

STEP
3　① Is she dancing now?
　　　② Sho is not[isn't] doing his homework now.
　　　③ Are you studying for the test?
　　　④ Yes, I am.

解説

STEP
1
① 否定文は，**be 動詞のあとに not** を置きます。
③ ② の英文の主語は they なので，答えの文の主語も they にします。

STEP
2
① be 動詞の疑問文と同じで，現在進行形の疑問文をつくるには，**主語と be 動詞の位置を入れかえます**。

STEP
3
① now はふつう，文の終わりに置きます。
② 「宿題をする」は do my[your, his, her など] homework で表します。
④ ③ の質問で「あなたは〜」と聞かれているので，「私は〜」と答えます。be 動詞の質問には be 動詞を使って答えます。

現在進行形の文では now をよく使うね。時制を判断するときには，こういう副詞がキーワードになることも多いんだ！

1章 まとめ の テスト

現在の文　　　　　　　　　　▶▶ 本冊 58 ページ

解答

① (1) is　　(2) go to　　(3) wait
　　(4) When　　(5) Does, doesn't

② (1) ケンはネコを飼っていません。
　　(2) この自転車を使ってください。
　　(3) あなたはかばんの中に何を持って
　　　　いますか。
　　(4) 私たちは音楽を聞いています。

③ (1) I am not sleepy
　　(2) Do you play the guitar
　　(3) My grandmother doesn't have
　　　　a smartphone
　　(4) What are you doing now

④ (1) (例) Are you from Australia?
　　(2) (例) I do not[don't] like green
　　　　tea.
　　(3) (例) What is[What's] your dream?
　　(4) (例) I am[I'm] watching TV now.

解説

①
(1) 主語の that は 3 人称単数なので, be 動詞
　　は is になります。
(2) 「〜に行く」は go to 〜。
(3) 命令文は動詞の原形で文を始めますが, そ
　　の前に Please をつけると, ていねいな
　　「〜してください」という表現になります。
(4) 時をたずねるときは, 文頭に疑問詞 when
　　を置きます。答え方は It's 〜. と My
　　birthday is 〜. のどちらも使えます。
(5) 主語が 3 人称単数の he で一般動詞の疑問
　　文なので, Does で始めます。答えの文は
　　空所が 1 つなので, does not の短縮形

doesn't を入れます。

②
(1) この have は「飼う」という意味の一般動
　　詞で, 前に doesn't を置いて否定文をつく
　　っています。
(2) 動詞の原形で始まる命令文。ていねいな表
　　現にする please は, 文頭にも文の終わり
　　にも置くことができます。
(3) 文頭の What は「何?」を表す疑問詞。
(4) 〈be 動詞 + 動詞の ing 形〉は「(今) 〜してい
　　るところ」という現在進行中の動作を表し
　　ます。listen to 〜 は「〜を聞く」。

③
(1) 否定を表す not は, be 動詞のあとに置き
　　ます。
(2) 「(楽器)を演奏する」は〈play the + 楽器名〉
　　のように, 楽器名の前に the をつけます。
(3) 主語の my grandmother は 3 人称単数な
　　ので, 一般動詞の前に doesn't を置いて否
　　定文をつくります。
(4) 「何?」をたずねる疑問詞 what のあとに,
　　現在進行形の疑問文が続く形です。時を表
　　す now は文の終わりに置きます。

④
(1) 「〜出身です」は〈be 動詞 + from 〜〉で表
　　します。疑問文なので be 動詞は主語の前
　　に置きます。
(2) like の前に do not[don't] を置いて否定文
　　をつくります。
(3) 「何?」をたずねる疑問詞 what のあとに,
　　be 動詞の疑問文〈be 動詞 + 主語 ?〉が続く
　　形です。
(4) 「(今) 〜しているところ」は現在進行形〈be
　　動詞 + 動詞の ing 形〉で表します。

大問 4 の問題のように, 自由に英語で表
現する練習を積むことで, これまでの知
識が整理できるはず! まちがえた部分は
その文法事項の単元を見返してみよう。

15 「私は〜しました」ってどう書くの？

過去形(一般動詞の肯定文) ▶▶本冊 63 ページ

解 答

STEP 1
1 wanted　2 loved　3 went

STEP 2
1 We walked to the station
2 Sho called Miu last night
3 Some friends came to my house

STEP 3
1 My father cooked breakfast.
2 They enjoyed the movie.
3 He studied Japanese history
4 Koharu washed her shoes

解 説

STEP 1
1 want(欲しい)は規則動詞で，**語の終わりに ed をつける**と過去形になります。
3 go(行く)は不規則動詞で，過去形は went です。

STEP 2
1 「〜まで歩く」は walk to 〜 で表します。walk は規則動詞で，過去形は walked です。
2 「昨晩」は last night で表します。**時を表す語句は，ふつう文の終わり**に置きます。
3 「〜に来る」は come to 〜 で表します。come は不規則動詞で，過去形は came です。

STEP 3
1 breakfast(朝食)は数えられない名詞なので，前に a はつけません。
3 study(勉強する)の過去形は studied です。

過去の文では，last(昨〜，先〜)がよく使われるよ。last night(昨夜)，last week(先週)，last Sunday(この前の日曜日)などの表現を覚えておこう。

16 did を使うのはどんなとき？

過去形(一般動詞の否定文・疑問文) ▶▶本冊 65 ページ

解 答

STEP 1
1 did not　2 Did　3 I did

STEP 2
1 You didn't call me
2 When did he join the team
3 Where did you buy this T-shirt

STEP 3
1 The boy did not[didn't] eat fish.
2 I did not[didn't] walk to school
3 Did they skate on the lake?
4 No, they did not[didn't].

解 説

STEP 1
1 一般動詞の過去の否定文は，**動詞の前に did not[didn't]** を置きます。
2 一般動詞の過去の疑問文は，**Did を文頭に置き，〈主語＋動詞の原形〜?〉が続く**形です。
3 Did 〜? の質問には did を使って答えます。

STEP 2
2 when(いつ)などの**疑問詞は文の初めに置き**，そのあとに〈did＋主語＋動詞〜?〉の形を続けます。

STEP 3
1 **did not[didn't] に続く動詞は原形**にします。食べ物としての魚(fish)には，a をつけません。
3 過去の疑問文は，主語の数や人称に関係なく Did で始めます。
4 3 と同じ they が主語になります。

過去の文をつくるとき，肯定文では動詞を過去形に変えたけど，否定文や疑問文では動詞は原形のまま，did を使って過去を表すんだ。

17 「～でした」ってどう書くの？

過去形（be 動詞）　▶▶本冊 67 ページ

解答

STEP 1
1 was　　2 were　　3 was

STEP 2
1 He was a famous pianist
2 They were worried about you
3 These shoes were very expensive

STEP 3
1 We were in the kitchen then.
2 Miu was not[wasn't] angry.
3 Was the ticket free?
4 No, it was not[wasn't].

解説

STEP 1
2 Where are you ～？の過去形と考え，**be 動詞を過去形の were** にします。

STEP 2
2 「～を心配する」は be worried about ～ で表します。主語が複数の they なので，be 動詞は were にします。

STEP 3
1 「～にいる」は，be 動詞のあとに場所を示す表現を続けます。「そのとき」を意味する then は，時を表す副詞なので，文の終わりに置きます。
3 be 動詞の疑問文をつくるには，**主語と be 動詞を入れかえます。**
4 3 の主語は the ticket なので，答えの文では it（それは）に置きかえます。

expensive の反対語は言えるかな？答えは *cheap* だよ。形容詞を見たら，反対語もセットで覚えると一石二鳥なのでおすすめだよ。

18 過去進行形ってどんなときに使うの？

過去進行形　▶▶本冊 69 ページ

解答

STEP 1
1 not talking　　2 Was
3 she wasn't

STEP 2
1 Many birds were flying
2 What were you teaching
3 He was cutting a pizza

STEP 3
1 The children were sleeping.
2 Sho was not[wasn't] doing his homework then[at that time].
3 Were they playing baseball?
4 Yes, they were.

解説

STEP 1
1 否定文の not は be 動詞の後ろに置きます。
3 **過去進行形は〈be 動詞の過去形＋動詞の ing 形〉**なので，答えるときも be 動詞の過去形を使います。

STEP 2
2 what（何）などの疑問詞は文の初めに置き，そのあとに〈be 動詞の過去形＋主語＋動詞の ing 形～？〉を続けます。

STEP 3
1 主語が複数なので，be 動詞は were。動詞の ing 形は主語によって変わりません。
2 過去進行形の否定文は，**was[were] の後ろに not** を置きます。「そのとき」は then，または at that time で表します。

現在進行形では *now* が使われることが多いけど，過去進行形は *then* や *at that time* がセットになることが多いよ。副詞は大事だね。

19 未来のことってどう書くの？

未来表現（will） ▶▶ 本冊 73 ページ

解答

STEP 1
1 will　　2 Will
3 they will

STEP 2
1 We will not ride
2 It won't be sunny
3 Subaru will answer your question

STEP 3
1 She will not[won't] cry.
2 My parents will buy a new car.
3 Will you play baseball tomorrow?
4 No, I will not[won't].

解説

STEP 1
3 Will ～？の質問には will を使って答えます。

STEP 2
1 「～しません」と未来の否定を表すときは，will not のあとに動詞の原形を置きます。
2 天気を表す文の主語は it にします。**won't は will not の短縮形。**

STEP 3
1 「～しないでしょう」は will not，または短縮形の won't で表します。
3 疑問文をつくるときは，**主語の人称や数に関係なく，主語の前に will を置きます。**
4 3 の主語は you（あなた）なので，答えの文では I（私）が主語になります。

リスニング問題で want か won't か聞き取れないことがあるよ。want は口を大きく開けて[ワント]，won't はあまり開けずに[ウォウント]と発音するんだ。

20 will と be going to はどうちがう？

未来表現（be going to） ▶▶ 本冊 75 ページ

解答

STEP 1
1 are　　2 Is　　3 she is

STEP 2
1 They are not going to wash
2 The students are going to visit
3 Sho is going to invite his friends

STEP 3
1 going to clean my room
2 not going to buy this table
3 you going to make
4 I am[I'm] going to make a cake.

解説

STEP 1
1 be going to の be は，主語 we に合わせて are になります。
2 **be going to と will は同時には使いません。**
3 Is で始まる be going to の疑問文に対する答えの文は，未来のことでも will ではなく be 動詞を使って答えます。

STEP 2
1 be going to の否定文では，**be 動詞のあとに not** を置きます。
3 「～を…に招待する」は invite ～ to …。

STEP 3
3 「何を～するつもりですか」は，What のあとに〈be 動詞＋主語＋going to＋動詞の原形～？〉という疑問文の形を続けます。

「～に行く予定です」と言いたいときには，I'm going to go to ～ . となるよ。これを現在進行形だとかんちがいしないようにしようね。

21 条件や理由をつけたしたいときはどうするの？

接続詞（when/if/because） ▶▶本冊 77 ページ

解答

STEP 1
1 when　2 before
3 because

STEP 2
1 before he goes to bed
2 if you feel hot
3 after they played soccer

STEP 3
1 because she is[she's] kind
2 if you need help
3 after I finish my homework
4 he was a child, he didn't eat vegetables

解説

STEP 1
1 〈when + 主語 + 動詞〜〉は「（主語）が〜するときに」を意味します。

STEP 2
1 「寝る」は go to bed で表します。主語の he が 3 人称単数なので，動詞は goes になります。

STEP 3
3 「ゲームをします」の主語も「ぼく」なので，after のあとに I を入れます。また，宿題を終えるのは未来のことでも，接続詞で始まるカタマリの中の動詞は現在形を使います。
4 when などの接続詞で文が始まるときは，〈When + 主語 + 動詞〜〉のあとにコンマ（,）を入れます。

when で文が始まるとき，次に「主語＋動詞」がくれば接続詞，「（助）動詞」がくれば疑問詞だよ。しっかり区別しよう！

2章 まとめのテスト

過去の文・未来の文 ▶▶本冊 80 ページ

解答

1 (1) enjoyed　(2) didn't go
(3) Were, wasn't
(4) will　(5) going

2 (1) 私たちは昼食の（ための）時間がありませんでした。
(2) あなたは今朝，何時に起きましたか。
(3) 彼らはそのときサッカーをしていました。
(4) ケンは来週旅行する予定ですか。

3 (1) We did not live together
(2) Did you sleep well last night
(3) They won't be busy next month
(4) Will you come to my birthday party

4 (1) (例) How did you study English?
(2) (例) I went to Osaka two weeks ago.
(3) (例) I will[I'll] call you later.
(4) (例) What were you doing last night?

解説

1
(1) 「楽しむ」を意味する enjoy の過去形。
(2) 過去の否定文は，動詞の原形の前に didn't を置きます。
(3) 疑問文の主語は you なので，be 動詞は were を使います。答えの文の主語は I で否定文なので，was not の短縮形 wasn't を入れます。

(4) 1 語で未来の意志を表すので，will を使います。

(5) 未来の予定を表す be going to を使います。

②

(1) have time は「時間がある」。動詞の前に didn't があるので，「時間がなかった」という過去の否定文です。

(2) What time 〜? は「何時に〜」，get up は「起きる」，this morning は「今朝」の意味を表します。

(3) 〈be 動詞の過去形＋動詞の ing 形〉の過去進行形「〜していました」の文。then は「そのとき」の意味で，過去の一時点を指しています。

(4) 〈be going to ＋動詞の原形〉は「〜する予定です」という意味で，未来の予定をたずねる表現です。

③

(1) 過去の否定文なので，動詞 live の前に did not を置きます。

(2) 過去の疑問文なので，文頭に Did を置いて，そのあとに〈主語＋動詞の原形〜〉が続く形にします。sleep well で「よく寝る」。

(3) 未来の否定文。won't は will not の短縮形。

(4) 未来の疑問文なので，文頭に Will を置いて，〈主語＋動詞の原形〜〉が続く形にします。

④

(1) 「どうやって」をたずねる How のあとに，一般動詞の過去形の疑問文が続く形です。

(2) 「行く」を意味する go の過去形は went。「〜前」は 〜 ago で表します。

(3) 意志を表す未来の文なので，will を使います。「電話する」は call。

(4) 「何？」をたずねる疑問詞 what のあとに，過去進行形の疑問文が続く形です。

過去から未来までの時制の問題を出してみたけど，どうだったかな？ 時を表す副詞がヒントになるので，これに注目する癖をつけておこう！

㉒ 助動詞 can ってどう使うの？

助動詞（can）　　　　　　▶▶本冊 85 ページ

解答

STEP **1**
1 Can you　　2 cannot
3 can't sleep

STEP **2**
1 Can you believe the story
2 We can't lose the next game
3 Can I use your eraser

STEP **3**
1 Koharu can play basketball.
2 You can go home.
3 Can you see the star?
4 I cannot[can't] understand your question.

解説

STEP **1**
1 日本語の文では省略されていますが，help（手伝う）の主語は「あなた」なので，you を選びます。

3 **can や cannot[can't] に続く動詞は原形に**します。

STEP **2**
3 「〜してもいいですか」と許可を求めるときは，Can I 〜？ という表現を使います。

STEP **3**
2 「〜してもいいです」と許可をあたえるときは，You can 〜. という表現を使います。

4 **「〜できません」は cannot または can't で**表します。can not と 2 語にしないようにしましょう。

助動詞は基本的に「動詞の前に置く助っ人」と覚えよう。中学で習う助動詞の数は少ないので，これから出てくる助動詞もすべて使えるようになろう！

解答

STEP **1**
1 may　　2 must not　　3 May I

STEP **2**
1 You may not use a computer
2 What should I do
3 It may rain tomorrow

STEP **3**
1 You must go to bed
2 He should not[shouldn't] have a pet.
3 Shall I carry your bag?
4 Shall we study math

解説

STEP **1**
2 「～してはいけない」は，助動詞 must のあとに not を置いて表します。

STEP **2**
1 「～してはいけない」は may not ～。
2 「何」を表す疑問詞 what のあとに〈should ＋主語＋動詞の原形〉が続く形。
3 may には「～してもいい」【許可】と，「～かもしれない」【推量】の意味があります。

STEP **3**
1 「～しなければならない」は must ～。
2 「～すべきではない」は should not ～。
3 Shall I ～? は「（私が）～しましょうか」という【申し出】を表します。
4 Shall we ～? は「（いっしょに）～しましょうか」という【提案】を表します。

命令文のところで習った Don't ～. という禁止の表現は，You must not ～. で言いかえられるよ。どちらもかなり強い表現だね。

解答

STEP **1**
1 would like
2 Would you like to　　3 I'd like

STEP **2**
1 Would you like a cup of tea
2 What would you like to eat
3 Could you say that again

STEP **3**
1 Would you like some milk?
2 I would[I'd] like to help you.
3 Would you like to go to the movies?
4 Could you bring your watch

解説

STEP **1**
1 あとに名詞が続くので，to は不要です。
2 あとに動詞が続くので，to が必要です。

STEP **2**
2 疑問詞 what のあとに would you like to ～ を続けて，ていねいにたずねる表現。
3 **Could you ～ ?（～していただけますか）**は Can you ～ ? をていねいにした表現です。

STEP **3**
1 「～はいかがですか」とていねいにすすめるときは，〈Would you like＋名詞 ?〉で表します。
3 「～するのはいかがですか」とていねいにたずねるときは，〈Would you like to＋動詞の原形 ?〉で表します。

Can you ～? と Could you ～? のちがいは，日本語の敬語みたいでおもしろいね。過去形にすることで，ていねいな感じを伝えているんだ。

(25) have to って何者!?

have to ▸▸本冊 91 ページ

解答

STEP 1
[1] have　[2] have　[3] doesn't

STEP 2
[1] We have to wait for
[2] Do I have to buy the ticket
[3] I don't have to get up early

STEP 3
[1] You have to clean your room.
[2] You do not[don't] have to bring your textbooks.
[3] Does he have to wash the car?
[4] I have to take an exam tomorrow.

解説

STEP 1
[2] have to の疑問文のつくり方は一般動詞と同じで, **文の初めに Do[Does] を置いて, 動詞の have を原形**にします。
[3] 主語の he は 3 人称単数なので, doesn't を選びます。

STEP 2
[3] 「~する必要はありません」は, 否定文の **don't have to ~** で表します。

STEP 3
[1] 「自分の部屋」はここでは「あなたの部屋」を意味するので, your room で表します。
[3] 主語の he が 3 人称単数なので, Do ではなく Does で疑問文を始めます。動詞の have は原形にします。

have to を使うとき, 主語が 3 単現の場合は has to になるんだ。このとき has は[ハズ]ではなく[ハス]と読むことに気をつけよう!

(26) 「同じくらい~」ってどう書くの?

比較(原級) ▸▸本冊 93 ページ

解答

STEP 1
[1] old　[2] not as　[3] as early

STEP 2
[1] is not as expensive as
[2] She walked as slowly as her father
[3] Miu can play the piano as well as

STEP 3
[1] I can swim as fast as you.
[2] He is not[He's not / He isn't] as busy as you.
[3] We do not[don't] study as hard as you.
[4] This T-shirt is as cute as that one.

解説

STEP 1
[1] 「同い年」は「同じくらい年をとった」と考えて, as old as で表します。
[2] 「…ほど~ではない」は not as ~ as …。

STEP 2
[3] Miu can play the piano well. の well の前後に as を入れて her sister を続ける, と考えます。

STEP 3
[3] 「一生懸命に勉強する」を表す study hard の hard の前後に as を入れて you を続ける, と考えます。

STEP 1 で出てきた same は「同じ」という意味だよ。でも as ~ as も「同じくらい~」という表現だから, as same as はひっかけだね。

27 「～より」って比べるときはどう書くの？

比較（比較級）　　　　　　　▶▶本冊 95 ページ

解答

STEP 1
1 larger　　2 later than
3 more popular

STEP 2
1 drives more carefully than you
2 I arrived earlier than Subaru
3 is more beautiful than that one

STEP 3
1 My hair is longer than yours.
2 Science is easier than math.
3 Happiness is more important than money.
4 I walked more slowly than the other students.

解説

STEP 1
2 比較の基本は〈形容詞[副詞]-er＋than〉の形。

STEP 2
1 長い単語の比較は〈more＋副詞[形容詞]＋than〉で表します。
2 earlier は early（はやく）の比較級。
3 that one の one は前に出てきた語句を指すので，ここでは picture（写真）のことです。

STEP 3
1 「あなたの」は「あなたのもの」を意味する yours で表します。
4 slowly は er をつけるのではなく，前に more を置いて比較級をつくります。

good や well の比較級の better は日本語でもよく耳にするかな？「ベストではなくてベター」という表現を聞いたら，思い出してね。

28 「いちばん～」ってどう書くの？

比較（最上級）　　　　　　　▶▶本冊 97 ページ

解答

STEP 1
1 cutest　　2 the fastest
3 most dangerous

STEP 2
1 You are the strongest in
2 English is the most difficult subject
3 This is the most popular movie

STEP 3
1 This is the oldest temple in Japan.
2 He is the most famous in his school.
3 The Japanese test was the easiest of the five.
4 My mother drives (the) most slowly in my family.

解説

STEP 1
1 cute は短い語なので most はつけず，語の終わりに st をつけて最上級をつくります。

STEP 2
1 形容詞の最上級は前に the をつけます。

STEP 3
1 国名などの範囲を表す「～の中で」は in ～ で表します。
3 「～個の中で」は〈of the＋数字〉で表します。
4 副詞の最上級は前に the をつけなくてもいいです。

よくある英語のクイズでは，最上級が使われることが多いよ。日本でいちばん高い山，長い川，面積が広い県…。みんななら英語で言えるはず !?

29 「～すること」ってどう書くの？

不定詞（名詞的用法）　▶▶ 本冊 101 ページ

解答

STEP 1
1 to see　2 answer
3 is to visit

STEP 2
1 His dream is to live
2 Do you want to go shopping
3 To smoke is not good

STEP 3
1 I want to buy this game.
2 My hobby is to make cakes.
3 To listen to music is fun.
4 Koharu likes to play basketball.

解説

STEP 1
1 「あなたに会いたい」は「あなたに会うことを望む」と考えます。
2 **「～すること」という意味を表すには，〈to＋動詞の原形〉の形にします。**
3 to visit（訪れること）は名詞のはたらきをするので，is の直後に置くことができます。

STEP 2
1 「彼（かれ）の夢」＝「オーストラリアに住むこと」なので，イコールを表す be 動詞の文にします。「住むこと」を to live で表します。

STEP 3
3 「音楽を聞くこと」＝「楽しい」という be 動詞の文。listen to music の前に to をつけると「音楽を聞くこと」という意味になり，これが文の主語になります。

> want to ～ は「～したい」という意味だけど，直訳すると「～することが欲しい」となるね。実は不定詞がからんでいたんだ。

---

30 「～するために」ってどう書くの？

不定詞（副詞的用法）①　▶▶ 本冊 103 ページ

解答

STEP 1
1 to watch　2 have
3 to save

STEP 2
1 You have to practice to win
2 to ask about the homework
3 to make an apple pie

STEP 3
1 to take (some) pictures
2 to read the news
3 to buy (some) milk
4 We came here to see you.

解説

STEP 1
1 「～するために」という意味を表すには，〈to＋動詞の原形〉の形にします。
2 have はここでは「食べる」という意味です。to のあとなので，原形の have を選びます。

STEP 2
1 have to のあとに「しなければならないこと」を置き，**そのあとに「～するために」という目的が続く形**にします。
2 「～について聞く」は ask about ～。the は名詞 homework の前につけます。

STEP 3
4 先に「私たちはここに来ました」という英文をつくり，「あなたに会うために」を表す〈to＋動詞の原形～〉を続けます。

> 不定詞の to とそれ以外の前置詞の to の区別は，後ろの品詞に注目すれば簡単！後ろが「動詞」なら不定詞，「名詞」なら前置詞だよ。

31 「～してうれしい」ってどう書くの?

不定詞（副詞的用法）②　　▶▶本冊 105 ページ

解 答

STEP 1
1 to say　2 to get
3 to see

STEP 2
1 I am sorry to hear
2 We are excited to work
3 I'm glad to receive a letter

STEP 3
1 to know that fact
2 to become your friend
3 He is[He's] excited
4 I was sad to hear the news.

解 説

STEP 1
1 「悲しい」を意味する sad のあとに, **感情の原因を表す不定詞** to say goodbye を続けます。
3 過去の文でも, **to のあとの動詞は原形**です。

STEP 2
1 I am sorry には「ごめんなさい」の意味のほかに,「気の毒[残念]に思う」の意味があります。

STEP 3
1 感情を表すことば surprised のあとに to know を続けて「～を知って驚いた」という意味を表します。
4 「悲しかった」と過去の表現になっているので, I was sad ～ と be 動詞を過去形にします。

感情を表す形容詞はセットで覚えよう。おすすめは不定詞を使った例文を音読すること。文のカタマリを使うと, 記憶に残りやすいよ!

32 「～するための」ってどう書くの?

不定詞（形容詞的用法）　　▶▶本冊 107 ページ

解 答

STEP 1
1 something to　2 to ask
3 to do

STEP 2
1 no money to buy food
2 a lot of time to prepare
3 have anything to say

STEP 3
1 a place to study
2 places to visit
3 Do you have time to play soccer
4 We have a chance to win.

解 説

STEP 1
1 「何か飲むもの」は「飲むための何か」と考え, **something のあとに to drink(飲むための)を続ける**形になります。
3 nothing は「何も～ない」。

STEP 2
1 have no money で「お金がまったくない」を意味します。money のあとに to buy food(食べ物を買うための)を続ける形になります。

STEP 3
3 time は数えられない名詞なので, 前に a はつけず, Do you have time ～ ? とします。
4 「勝つチャンス」は「勝つためのチャンス」と考え, to win が後ろから a chance を修飾します。

「飲み物」は something to drink, 「冷たい飲み物」は something cold to drink になるよ。cold something ではないことに注意!

33 動詞に ing をたすと名詞になるの?

動名詞　　　　　　　　　　▶▶本冊 109 ページ

解答

STEP 1
① Getting　② cleaning　③ is

STEP 2
① Traveling abroad is interesting
② My hobby is taking pictures
③ Her dream is visiting museums

STEP 3
① I finished writing the letter.
② Writing English is not[isn't] easy.
③ His job is driving a bus.
④ We enjoyed making a pizza.

解説

STEP 1
①「はやく起きる」は get up early。「起きること」なので動名詞の Getting を選びます。
②「～し始める」は, begin のあとに「動名詞(動詞の ing 形)」か「不定詞(to + 動詞の原形)」のどちらかを続けて表します。
③ games は複数形ですが, playing games (ゲームをすること)のように動名詞で始まる意味のカタマリは単数あつかいです。

STEP 2
①「海外旅行」は「海外を旅行すること」と考え, traveling abroad で表します。

STEP 3
①「～し終える」は〈finish + 動詞の ing 形〉で表します。
④「～して楽しむ」は〈enjoy + 動詞の ing 形〉で表します。

> 不定詞の名詞的用法と動名詞はほぼ同じ意味だね。ほかにも言いかえ表現が出てきたら, 関連させて覚えよう!

3章 まとめのテスト

助動詞・比較・不定詞と動名詞　　▶▶本冊 110 ページ

解答

①
(1) cannot[can't]　(2) Should
(3) more expensive
(4) as new　(5) to hear

②
(1) 私の息子はもっと多くの野菜を食べなければなりません。
(2) あなたは(車を)運転する必要はありません。
(3) 音楽はこのクラスでいちばん人気のある科目です。
(4) 私をパーティーに招待してくれてありがとう。

③
(1) You don't have to worry
(2) Is Mt. Fuji the highest mountain in Japan
(3) I studied hard to pass the exam
(4) Studying abroad will be a good experience

④
(1) (例) Where can I[we] buy[get] the ticket?
(2) (例) You don't have to hurry.
(3) (例) Are you the tallest in your family?
(4) (例) I'm glad[happy] to see [meet] you.

解説

①
(1)「～できない」は cannot[can't] で表します。
(2)「～するべきだ」は助動詞 should で表します。疑問文なので, 助動詞で文を始めます。

(3) expensive（値段が高い，高価な）は前に more をつけて比較級をつくります。

(4)「…ほど～ではない」は not as ～ as ... で表します。「～」には形容詞［副詞］の原級が入ります。

(5) ⟨to + 動詞の原形⟩の形で，「～して」と【感情の原因】を表します。

②

(1) must は「～しなければならない」。more は「もっと多くの」という意味です。

(2) don't have to ～は「～する必要はない」。

(3) most popular は最上級の表現で「いちばん人気のある」という意味です。

(4) Thank you for ～ ing. で「～してくれてありがとう」。for のあとの inviting は動名詞で，「招待してくれたこと」という意味です。

③

(1)「～する必要はない」は don't have to ～。

(2)「いちばん高い」は最上級の the highest で表します。疑問文なので，be 動詞で文を始めます。

(3)「～するために」は【目的】を表す不定詞の副詞的用法で，⟨to + 動詞の原形⟩で表します。

(4)「留学」は動名詞の studying abroad で表し，これが文の主語になります。

④

(1)「どこ」をたずねる Where のあとに⟨can + 主語 + 動詞の原形～⟩が続く形にします。

(2)「～する必要はない」は don't have to ～。

(3)「あなたは家族でいちばん背が高いですか」という最上級の文をつくります。

(4) 不定詞の副詞的用法。glad［happy］のあとに⟨to + 動詞の原形⟩の形で【感情の原因】を続けます。

 比較級や最上級は活用のしかたがポイントになるよ。その一方で，助動詞や不定詞は意味や用法を考えて解く問題が多かったね！

34 「～される」ってどう書くの？

受け身の肯定文　　　　▶▶ 本冊 115 ページ

【解答】

STEP 1
[1] is opened　[2] watched
[3] visited

STEP 2
[1] Three subjects are studied
[2] I was invited to dinner
[3] These clothes were made in China

STEP 3
[1] English is used by
[2] This tower was built
[3] I was helped by my classmates.
[4] Ms. Sato is liked by the students.

【解説】

STEP 1
[1]「～される」は⟨be 動詞 + 過去分詞⟩で表します。
[3] visiting を選ぶと，「訪問していました」という過去進行形の文になり，意味が通らなくなります。

STEP 2
[2] be invited to ～ で「～に招かれる」。
[3] in China（中国で）のように場所を表す語句は，文の終わりに置きます。

STEP 3
[1]「～によって」は by ～ で表します。
[2] 過去の文なので，be 動詞は過去形の was にします。build の過去分詞は built です。

 受け身で「だれか」にされたことをわざわざ伝えたいときに，by ～ と書くことが多いよ。詳しくは 120 ページの「英語の Tips ⑧」で説明しているから，見てね！

35 「～されない」ってどう書くの？

受け身の否定文 ▶▶本冊 117 ページ

解答

STEP 1
1 not eaten　　2 called
3 given

STEP 2
1 are not made in Japan
2 This window was not broken
3 These cards were not sent

STEP 3
1 Japanese is not[isn't] spoken
2 Eggs are not[aren't] used
3 This game is not[isn't] played
4 The door was not[wasn't] closed

解説

STEP 1
1 受け身の否定文は，**be 動詞のあとに not を置いて，過去分詞が続く形**になります。
3 give（渡す）の過去分詞は given です。

STEP 2
1 「日本製」は「日本でつくられている」と考え，〈be 動詞＋made in Japan〉で表します。否定文なので，be 動詞のあとに not を置きます。

STEP 3
1 「話す」は speak で，過去分詞は spoken です。
2 主語の eggs が複数形で現在の文なので，be 動詞は are になります。are not は aren't と短縮できます。

受け身のときは，主語の人称や時制に注意しよう。時制が過去だと気づかずに，be 動詞を現在形で書いてしまう人も少なくないんだ。

36 「～されますか」ってどう書くの？

受け身の疑問文 ▶▶本冊 119 ページ

解答

STEP 1
1 rice eaten　　2 cooked
3 it was

STEP 2
1 Is the song loved
2 Was the video shown
3 When was this house built

STEP 3
1 Is the classroom cleaned
2 Were these pictures taken by Koharu?
3 Was your bike stolen?
4 No, it was not[wasn't].

解説

STEP 1
3 答えの文の主語は 2 の this curry なので，he ではなく，it を選びます。

STEP 2
3 「いつ」かを知りたいので，疑問詞の When で文を始め，**疑問文の語順である〈be 動詞＋主語＋過去分詞～〉**を続けます。

STEP 3
2 過去の受け身の疑問文で，主語（these pictures）が複数なので，Were で文を始めます。「～によって」は by ～。
4 答えの文の主語は 3 の your bike なので，主語はそれを置きかえた it になります。また，質問が過去形なので，答えの be 動詞も過去形を使います。

過去分詞で迷ったら，巻末の「不規則動詞の変化表」を見よう。音声も利用しながら「原形－過去形－過去分詞」をセットで言えるようにしよう！

37 「ずっと〜している」ってどう書くの？

現在完了形（継続） ▶▶ 本冊 123 ページ

解答

STEP 1
1 not seen　　2 had　　3 since

STEP 2
1 Have you worked here for
2 She has not eaten anything
3 My father has wanted to buy

STEP 3
1 She has loved animals
2 have you known him
3 I have lived in this country
4 She has not[hasn't] used this camera since last year.

解説

STEP 1

2 「（ずっと）〜している」は〈have[has] ＋ 過去分詞〉で表します。had は have の過去分詞です。

3 last week（先週）のように過去の一時点を表す語句の前には since を置きます。for は後ろに期間を表す語句を置きます。

STEP 2

1 more than 〜 は「〜以上」。

2 現在完了形の否定文は，have[has] のあとに not を置きます。eaten は eat の過去分詞です。

STEP 3

1 主語が 3 人称単数の she なので，現在完了形は〈has ＋ 過去分詞〉にします。

4 has not は hasn't と短縮できます。

現在完了形を使って「ずっと〜している」という文をつくるときは，have（持っている），know（知っている）などの状態を表す動詞を使うのが基本だよ。

38 「今までに〜したことがある」ってどう書くの？

現在完了形（経験） ▶▶ 本冊 125 ページ

解答

STEP 1
1 never　　2 come
3 have seen

STEP 2
1 Have you ever heard that song
2 We have never traveled abroad
3 He has been to Canada

STEP 3
1 I have visited Hokkaido twice.
2 She has never played the violin.
3 I have worked at a restaurant
4 Have you ever played volleyball?

解説

STEP 1

1 never は否定文で「一度も〜ない」の意味で使い，ever は疑問文で「これまでに」の意味で使います。

2 「来る」は come – came – come と変化するので，過去分詞は come です。

STEP 2

1 ever や never は過去分詞の前に置きます。

3 「〜に行ったことがある」は have[has] been to 〜 で表します。gone は使わないので注意しましょう。

STEP 3

1 「2 度」は twice を文末に置いて表します。

2 主語が 3 人称単数の she なので，現在完了形の have は has にします。

never や ever は usually や often と同じく，頻度を表す副詞だから，基本的に修飾する動詞の前に置かれることをおさえておこう。

39 「すでに〜してしまった」ってどう書くの？

現在完了形（完了）　　　▶▶ 本冊 127 ページ

解答

STEP 1
[1] already　　[2] left
[3] already graduated

STEP 2
[1] The movie has just started
[2] Have you finished the test yet
[3] We have just arrived at

STEP 3
[1] She has just come home.
[2] I have already read today's newspaper.
[3] Have you seen our new teacher
[4] Sho has not[hasn't] cleaned his room yet.

解説

STEP 1
[1] already は肯定文で「すでに」の意味で使います。yet は否定文で「まだ」，疑問文で「もう」の意味で使います。

STEP 2
[1] just は過去分詞の前に置きます。
[2] yet は文の終わりに置きます。

STEP 3
[2] already は過去分詞の前に置きます。read の過去分詞は read ですが，過去分詞の発音は[レッド]になります。
[4] 「ショウ」は 3 人称単数なので，現在完了形の have は has にします。has not は hasn't と短縮できます。

現在完了形の 3 つの用法を習ったけど，副詞のキーワードは大事だね。それぞれの用法でどんな副詞が使われるかをまとめてみよう。

40 「ずっと〜し続けている」ってどう書くの？

現在完了進行形　　　▶▶ 本冊 129 ページ

解答

STEP 1
[1] been shopping　　[2] Has
[3] it has

STEP 2
[1] They have been talking for
[2] I've been looking for my smartphone
[3] has Miu been waiting for Sho

STEP 3
[1] I have been cooking
[2] Have you been teaching English
[3] He has been sleeping since
[4] They have been playing soccer since this morning.

解説

STEP 1
[2] 現在完了進行形の疑問文は，主語が 3 人称単数なら Has，それ以外なら Have で始めます。

STEP 2
[2] 「〜を探す」は look for 〜 で表します。
[3] 「どのくらい長く〜していますか」は，How long のあとに〈have[has] ＋ 主語 ＋ been ＋ 動詞の ing 形〜 ?〉を続けます。

STEP 3
[2] 疑問文は，主語と have[has] の位置を入れかえます。
[4] 「今朝から」は since this morning で表します。

これが時制の最後の単元だね。130 ページの「英語の Tips ⑨」に時制のまとめをつくったよ。イメージで覚えられるから，ぜひ活用してみて！

解答

STEP 1

1. the rising
2. going to
3. moving

STEP 2

1. Look at the dancing people
2. the woman standing by the door
3. The man talking with my brother

STEP 3

1. I know the crying girl.
2. a woman wearing
3. drawing a picture is Hana
4. The boys sitting on the bench are my friends.

解答

STEP 1

1. read
2. used car
3. grown

STEP 2

1. I don't need this broken computer
2. a picture taken by Sho
3. I read a book written in English

STEP 3

1. I have a watch made in China.
2. English is a language studied
3. He was a great tennis player loved
4. The people invited to the party

解説

STEP 1

2. going to the airport(空港に行く)が bus を**後ろから修飾**します。予定を表す be going to ～ の文とまちがえないようにしましょう。

STEP 2

2. 「ドアのそばに」は by the door で表します。

STEP 3

1. 「泣いている」は crying で表します。**1 語なので，前から名詞を修飾**します。

4. the boys を sitting on the bench(そのベンチにすわっている)が後ろから修飾し，この部分全体が文の主語になります。主語は複数なので，be 動詞は are になります。

解説

STEP 1

1. read は過去分詞も read です。過去分詞の read は[レッド]と発音します。

3. grown は grow(育てる)の過去分詞です。

STEP 2

1. broken(こわれた)は**1 語なので，前から名詞を修飾**します。this は broken の前に置くことに注意が必要です。

2. 「これはショウによって撮られた写真です」と考えます。

STEP 3

4. 「パーティーに招待された」は invited to the party で表し，これが後ろから people を修飾します。

動詞の ing 形はまさにカメレオン。現在進行形なら「動詞」，動名詞なら「名詞」，現在分詞なら「形容詞」のはたらき，とはば広く変化するんだね。

過去分詞は過去形と同じ形が多いので，訳すときに注意が必要！ 慣れるまでは，どちらの場合も考えて訳してみよう。

現在分詞・過去分詞　　▶▶ 本冊 136 ページ

解答

① (1) was made　　(2) have been to
(3) have, arrived
(4) talking　　(5) loved by

② (1) この建物は最近建てられたのですか。
(2) 私はこの財布を10年間使っています。
(3) 私はすでにその驚（おどろ）くべきニュースを聞きました。
(4) あなたはこれまでに英語の本を読んだことがありますか。

③ (1) This letter was written a month ago
(2) We have known each other since last year
(3) Has he ever helped you
(4) These are the computers used in class

④ (1)（例）When was this window opened?
(2)（例）He has never been to Tokyo.
(3)（例）Have you finished your[the] homework yet?
(4)（例）Who is the boy studying math?

解説

①
(1) 受け身は〈be 動詞＋過去分詞〉。be 動詞を過去形にすることに注意しましょう。
(2)「〜に行ったことがある」は現在完了（かんりょう）を使って have been to 〜で表します。

(3)「ちょうど〜したところ」は現在完了を使って〈have just ＋過去分詞〉で表します。
(4)「〜している」は現在分詞（動詞の ing 形）で表します。
(5)「〜されている」は過去分詞で表します。

②
(1)〈be 動詞＋主語＋過去分詞〜?〉の過去の受け身の疑問文。
(2)【継続】を表す現在完了〈have ＋過去分詞〉の文。for 〜 で「〜の間」と期間を表します。
(3) 現在完了〈have ＋過去分詞〉の文。already（すでに）があるので【完了】の用法。
(4) 現在完了の疑問文。ever（これまでに）があるので【経験】の用法。

③
(1) 過去の受け身なので，〈主語＋was＋過去分詞〜〉の形にします。
(2)「私たちは昨年からずっとお互（たが）いを知っている」という現在完了の文をつくります。
(3)【経験】をたずねる現在完了。ever（これまでに）は過去分詞の前に置きます。
(4)「授業で使われる」は過去分詞を使って used in class で表し，computers を後ろから修飾（しゅうしょく）します。

④
(1)「いつ」をたずねる When のあとに過去の受け身の疑問文が続く形にします。
(2)「一度も〜ない」は never を過去分詞の前に置いて表します。
(3)【完了】を表す現在完了の疑問。「すでに」を疑問文で使うときは，文末に yet を置きます。
(4)「数学を勉強している」は現在分詞の studying math で表し，boy を後ろから修飾します。

過去分詞だけでも「受け身」「現在完了」「修飾」の3パターンがあるけれど，使い分けはしっかり理解できたかな？

43 2つの文を1つにするには？①

関係代名詞（主格）　　　　　▶▶ 本冊 141 ページ

解答

STEP 1
1 who　　2 that　　3 are

STEP 2
1 I know a boy who speaks French
2 The shop which opened yesterday
3 many students who want to study abroad

STEP 3
1 which[that] has a large window
2 which[that] goes to the museum
3 people who[that] love cats
4 I have two brothers who[that] play basketball.

解説

STEP 1
1 which は「人」には使えません。
3 関係代名詞のあとの動詞の形は，直前の名詞（ここでは places）に合わせます。

STEP 2
3 「留学したい」は want to study abroad。

STEP 3
1 「窓がある」は have a window で表します。a house が単数なので，have を has にします。
2 関係代名詞のあとの動詞 go は the bus に合わせるので，3単現の goes になります。
3 people は複数あつかいなので，love に3単現の s はつけません。

that が関係代名詞のときは，必ず「直前に名詞」があることに注意しよう。ちなみに直後の動詞の形は，その名詞に合わせるんだよ。

44 2つの文を1つにするには？②

関係代名詞（目的格）　　　　　▶▶ 本冊 143 ページ

解答

STEP 1
1 that　　2 that I　　3 which

STEP 2
1 the key that I was looking for
2 the movie which you saw yesterday
3 which I want to ask

STEP 3
1 The lunch which[that] you made
2 which[that] I bought was expensive
3 He is an artist that everyone knows.
4 They are the students that I am[I'm] teaching.

解説

STEP 1
2 「私が忘れられない」なので，that のあとには I が必要です。

STEP 2
1 「私が探していた」は過去進行形の I was looking for で表し，それが the key を後ろから修飾します。
2 yesterday（昨日）は時を表す副詞なので，文の終わりに置きます。

STEP 3
3 an artist は人なので，関係代名詞は that を使います。everyone は単数あつかいなので動詞 know に3単現の s をつけます。

that はいろいろな使い方があるから，見分けることが大事。146 ページの「英語の Tips ⑩」に that を使ったクイズを載せているから挑戦してみて！

45 that や which は省略できるの?

関係代名詞の省略　　　　　▶▶本冊 145 ページ

解答

STEP 1
- [1] I met　　[2] I
- [3] you gave me was

STEP 2
- [1] The girl he likes plays
- [2] Is this a song you wrote
- [3] The man you saw last night is

STEP 3
- [1] the subject you like
- [2] the song you are singing
- [3] The photos you took are beautiful.
- [4] This is the letter I wrote.

解説

STEP 1

[2] 人を修飾するとき，which は使えません。関係代名詞 that を使うか，関係代名詞を省略します。

STEP 2

[1] The girl plays the piano. の girl を，he likes(彼が好きな)というカタマリが後ろから修飾する形です。

[3] The man のあとに関係代名詞 that が省略されていると考えます。

STEP 3

[3] The photos are beautiful. の photos を you took(あなたが撮った)が後ろから修飾する形です。be 動詞を主語に合わせて are にします。

関係代名詞が省略された文は，名詞や代名詞が2つ続くので，見慣れない感じがするかもしれないね。何か省略されてないか，考えてみよう。

46 「～することは難しい」ってどう書くの?

It is ... for — to ～.　　　　▶▶本冊 149 ページ

解答

STEP 1
- [1] difficult for me　　[2] to play
- [3] to use

STEP 2
- [1] for the boy to ride a bike
- [2] It is not good to
- [3] for me to get up early

STEP 3
- [1] to sing with other people
- [2] important to help
- [3] for me to learn about other countries
- [4] easy for you to speak English

解説

STEP 1

[1] 「—にとって」を表す for — は〈to + 動詞の原形〉の直前に置きます。

[2] to の後ろには「動詞」，for の後ろには「名詞」を置きます。

STEP 2

[2] 否定文は be 動詞のあとに not を置きます。「うそをつく」は tell a lie で表します。

STEP 3

[1] 「—にとって」を表す for — を入れない文もあります。

[3] 「～について学ぶ」は learn about ～ で表します。

[4] 疑問文をつくるには，文の初めの it と is を入れかえます。

この構文は入試問題で英作文を書くときに，ぼくもよく使ったよ！　It is very important for me to ～. で語数をかせぐこともできるからね(笑)。

47 「(人)に～してほしい」ってどう書くの？

want ＋ (人) ＋ to ～　　▶▶ 本冊 151 ページ

解答

STEP 1
1 you to　　2 to give up
3 me

STEP 2
1 I want you to come
2 I don't want him to worry
3 Sho wants his mother to make lunch

STEP 3
1 We want you to come back.
2 I want her to join the soccer team.
3 I don't want you to cry.
4 I want you to open the window.

解説

STEP 1
3 want のあとに入る「人」は【目的格】にします。【目的格】とは，I－my－me－mine，he－his－him－his などというときの，3 つ目の形のことです。

STEP 2
2 否定文は **want の前に don't[doesn't] を置**きます。
3 want のあとに，you などの代名詞ではなく，his mother などの名詞も入れられます。

STEP 3
2 「彼女に」は she の目的格 her で表します。
3 「(人)に～してほしくない」は〈don't want ＋ (人) ＋ to ～〉で表します。

I want to ～ は「私は～したい」。〈I want ＋ (人) ＋ to ～〉で「私は(人)に～してほしい」となるので，動作をする人がちがうことに注意しよう。

---

48 相手に何かをさせるときはどう言うの？

原形不定詞　　▶▶ 本冊 153 ページ

解答

STEP 1
1 me study　　2 Let　　3 cross

STEP 2
1 I will let you know
2 help her open the door
3 me show you my cats

STEP 3
1 help me do my homework
2 Sho let his sister use
3 help you clean your room
4 let me buy new shoes

解説

STEP 1
1 help のあとに続く「人」は【目的格】にします。【目的格】とは，I－my－me－mine などというときの，3 つ目の形のことです。
3 「(人)が～するのを手伝う」は〈help ＋ (人) ＋ 動詞の原形〉で表します。

STEP 2
3 Let me ～. の基本的な意味は「私に～させてください」ですが，「私が～しましょう」と訳すほうが自然なときもあります。

STEP 3
1 help の次には，ふつう「人」がくるので，help my homework という言い方はまちがいです。
2 let は let－let－let と活用する不規則動詞で，過去形も let です。
4 won't は will not の短縮形です。

「自己紹介をさせてください」とプレゼンで伝えるときは，Please let me introduce myself. と言うよ。この文のまま，カタマリで覚えちゃおう！

49 ありえないことを仮定するには？

仮定法（If ～）　　　　　　　▶▶本冊 157 ページ

【解答】

STEP 1
1 would　　2 were　　3 had

STEP 2
1 If it were sunny today
2 I would go to the theater
3 If I didn't have a headache

STEP 3
1 If I were a baby
2 If he were here
3 I could travel to the moon
4 If I were you, I would talk to her.

【解説】

STEP 1
1 「～するだろうに」は〈**would ＋ 動詞の原形**〉で表します。
2 実際には相手はひまではないのに「ひまだったら」と仮定するときには，if 節の中の**動詞は過去形**にします。

STEP 2
1 天気を表す文の主語は it にします。現実とちがうことを仮定する文なので，if 節の中の be 動詞を過去形にします。仮定法では，**be 動詞の過去形は主語に関係なく were** を使います。

STEP 3
3 「～できるのに」は〈**could ＋ 動詞の原形**〉で表します。「月」には冠詞の the をつけます。「～に旅行する」は travel to ～ で表します。

現実と異なることを「過去形を使うことによって」伝える仮定法はおもしろいね。でも，仮定法ばかり言ってる人はおもしろくないよね！

50 ありえない望みを言うには？

仮定法（I wish ～）　　　　　▶▶本冊 159 ページ

【解答】

STEP 1
1 had　　2 had
3 could stay

STEP 2
1 I could sing well
2 I were a university student
3 I wish I could go back

STEP 3
1 I wish I were rich.
2 I wish I knew his name.
3 I wish you were here.
4 I wish I were good at English.

【解説】

STEP 1
1 「いればいいのに」という現在の内容でも，現実と異なることを仮定する文では，**動詞を過去形**にします。
3 I can stay ～ の can を過去形の could にした文と考えます。

STEP 2
1 「～できればいいのに」という文は，can の過去形の could を使います。

STEP 3
1 仮定法では，**be 動詞の過去形は主語に関係なく were** を使います。
4 「～が得意である」は be good at ～ で表します。現実とちがうことを仮定する仮定法の文なので，be 動詞は過去形の were にします。

仮定法を使う場合は，「でも現実とはちがうんだけどね…」という隠れたニュアンスが込められていることがポイントだよ。

5章 まとめのテスト

いろいろな文　　　　　　▶▶ 本冊 160 ページ

解答

① (1) which[that], was
(2) who[that] can　(3) important to
(4) you to　　(5) were, would

② (1) 私には私の家の近くに住んでいる
友達がいます。
(2) アメリカの文化について学ぶこと
は私たちにとっておもしろいです。
(3) あなたのスケジュールを私に知ら
せて[教えて]ください。
(4) (私が)あなたのように英語が話せ
たらいいのに。

③ (1) Do you know a teacher who
can teach
(2) is fun for me to be with you
(3) Can you help me write an
email in English
(4) I knew the answer, I would tell
you

④ (1) (例) the camera (which[that])
you bought last week
(2) (例) It is dangerous to swim
here. / To swim here is
dangerous. / Swimming
here is dangerous.
(3) (例) me do this job
(4) (例) If I had time, we could go
together.

解説

①

(1) 関係代名詞の文。sushi は「もの」なので，
1 つ目の空所は which または that。

(2) 関係代名詞の文。anyone は「人」なので，
1 つ目の空所は who または that。
(3) 「～することは…である」は It is ... to ～.。
(4) 「(人)に～してほしい」は〈want ＋ (人) ＋
to ＋動詞の原形〉で表します。
(5) 仮定法の文。If で始まる節の動詞は過去形
で，be 動詞の過去形は常に were です。

②

(1) 関係代名詞 の that 以下が friend を修飾し
ます。
(2) It is ... for ― to ～. の形で，「～すること は
―にとって…である」の意味を表します。
(3) let ＋ (人) ＋動詞の原形で「(人)に～させて
あげる」。let me know で「私に知らせる」。
(4) I wish I could ～. で「私が～できたらいい
のに」という仮定法の文。

③

(1) 関係代名詞の who を teacher のあとに置
いて，who から後ろが teacher を修飾する
形にします。
(2) 主語の「あなたといっしょにいること」を
to be with you で表して，文末に置きます。
(3) 「(人)が～するのを手伝う」は〈help ＋ (人)
＋動詞の原形〉で表します。
(4) 仮定法は〈If ＋主語＋動詞の過去形～，主語
＋ would ＋動詞の原形～ .〉で表します。

④

(1) 「先週あなたが買った」が「カメラ」を修飾
する文。関係代名詞の which[that] は省略
できます。
(2) to swim here(ここで泳ぐこと)が主語。
(3) Let me ～ . で「私に～させて」。
(4) 〈If ＋主語＋動詞の過去形～，主語 ＋ could
＋動詞の原形～ .〉の形で「もし(主語)が～
するなら，…できるだろうに」を表します。

今回は関係代名詞や仮定法など，おもし
ろい問題が多かったね。まちがえた問題
も，何度も復習して次は確実に解けるよう
にしていこうね！